TAN BUENO COMO EL ORO

Napoleón Hill
y Judith Williamson

Una publicación de
La Fundación Napoleón Hill

Fotografía que el Dr. J. B. Hill, nieto de Napoleón Hill, presentó a la Fundación Napoleón Hill en 2010, de su colección privada.

1a. edición, agosto 2011.
2a. edición, enero 2013.

Nicolás San Juan 1043, Col. Del Valle
03100 México, D.F.
Tels. 5575-6615, 5575-8701 y 5575-0186
Fax. 5575-6695
http://www.grupotomo.com.mx
ISBN-13: 978-607-415-296-8
Miembro de la Cámara Nacional
de la Industria Editorial No 2961

Traducción: Graciela Frisbie
Formación tipográfica: Marco A. Garibay M.
Diseño de portada: Karla Silva
Supervisor de producción: Leonardo Figueroa

Este libro se publicó conforme al contrato establecido entre *The Napoleon Hill Foundation.* y *Grupo Editorial Tomo, S.A. de C.V.*

Impreso en México - *Printed in Mexico*

PREFACIO

El Diccionario *Webster's New World* define la palabra ORO como metal precioso y también como dinero. Define la palabra estándar como algo que se usa como base o como regla de comparación al medir y al demostrar fiabilidad o aprobación. Al revisar las obras del Dr. Napoleón Hill, no es difícil entender por qué Judith Williamson eligió como título *Napoleón Hill: tan bueno como el oro* para este libro sobre las riquezas de la vida. El Dr. Hill empezó a escribir a los 13 años de edad en las montañas del Sureste de Virginia y continuó escribiendo a lo largo de siete décadas, perfeccionando así su habilidad como escritor. Buscó oro en la vida de las personas que investigó y lo documentó en sus obras más importantes como *La ley del éxito* y *Piense y hágase rico.* A lo largo de su vida, sus lectores heredaron su legado de oro a través de sus escritos.

Judith Williamson ha recomendado los principios del éxito del Dr. Hill a lo largo de muchos años. Los estudia, imparte el curso *Las llaves del éxito* en la Universidad Purdue, y presenta seminarios, talleres y conferencias con los que ha viajado a regiones lejanas del mundo. Sus conocimientos, su capacidad como oradora y sus presentaciones han recibido alabanzas de las personas que han participado en sus presentaciones alrededor del mundo. Además, Judy conserva los archivos del Dr. Napoleón Hill en el Centro Mundial de Aprendizaje Napoleón Hill, que se encuentra en el campus de la Universidad Purdue, Calumen en Hammond, Indiana. Estos archivos contienen una gran riqueza de información, parte de ella es personal y parte es histórica, pero es de gran valor debido a su contenido y al interés que despierta en los seguidores de Napoleón Hill.

El material que se encuentra en los archivos del Centro Mundial de Aprendizaje Napoleón Hill incluye números originales de las revistas de Napoleón Hill. De 1919 a 1923, Hill tuvo dos revistas mensuales: *La revista de Napoleón Hill* y *La revista de las reglas de oro de Napoleón Hill.* En *Una vida de riquezas*, la biografía de Napoleón Hill escrita por Michael J. Ritt y Kirk Landers, leemos que las revistas no debieron tener éxito en su tiempo, pero lo tuvieron. Hill empezó con un presupuesto muy limitado, escribía los artículos, los editaba y vendía personalmente las revistas. A medida que Hill hacía planes para obtener oro en la corriente de éxito de la vida, él empezó a acumular riquezas y a ayudar a otros a hacerlo, con los datos que da a conocer.

Será muy gratificante para ti leer los artículos que presenta la Sra. Williamson en *Napoleón Hill: tan bueno como el oro.* Algunos responderán a tus necesidades específicas debido al punto en que te encuentras en tu trayecto hacia el éxito. Si estudias el material y encuentras que tu carácter carece de cierta característica, como por ejemplo la flexibilidad, debes volver a leer el artículo con mucho cuidado y realizar los cambios necesarios en tu comportamiento para que puedas extraer el oro de esta información.

Gracias a mi experiencia previa como presidente de un banco, recomiendo de todo corazón *Tan bueno como el oro*, de Napoleón Hill ¡como una fuente de riquezas que puedes llevar al banco! Las utilidades que obtengas con este libro se materializarán en las riquezas que descubrirás al vivir el propósito de tu vida. Saber qué hacer es fantástico, pero aplicar lo que has aprendido es el verdadero secreto del éxito. Ganas tus mayores riquezas en la vida cuando lees, estudias y llevas a la acción lo que has aprendido.

Don Green, Director Ejecutivo
Fundación Napoleón Hill

INTRODUCCIÓN

Es un placer para mí compartir contigo la lectura de artículos de Napoleón Hill tomados tanto de sus obras más antiguas como de sus últimas obras. Se incluyen selecciones de sus ensayos, de sus libros y de su curso más famoso, *La ciencia del éxito a partir de una actitud Mental Positiva.* Al abordar estos escritos, disfruté el transferirlos a una aplicación actual de la filosofía del Dr. Hill. Si recordamos que "no hay nada nuevo bajo el sol", es gratificante alinear los conceptos del Dr. Hill, con mi interpretación y la forma en que los he aplicado, con el mundo de hoy que está en un cambio constante.

Sin importar que seas estudiante, hombre de negocios, empresario o maestro, obtendrás mucha información en el material que se comparte contigo en este libro. El Dr. Hill fue y sigue siendo una inspiración para muchos libros de autoayuda, libros sobre administración, y materiales educativos que tratan extensamente los 17 Principios del Éxito del Dr. Hill.

No conozco un mejor maestro bajo cuya dirección puedas empezar el examen de tu propia vida y de tu desempeño. Al usar los secretos que aquí se comparten contigo y que el Dr. Hill descubrió a lo largo de su vida de investigación y práctica, el Dr. Hill te guía paso a paso para que llegues a ser la persona que debes ser.

Este material es oro puro, no adulterado; y de ahí proviene el título del libro: *Tan bueno como el oro*, de Napoleón Hill.

Al estudiar cualquier material motivacional o de autoayuda, siempre es valioso remontarse a su fuente original. Cuando te lances en esta búsqueda del tesoro utilizando las obras del Dr.

Hill, no te quedarás con las manos vacías. Por el contrario, a medida que buscas oro, el tiempo que inviertas te redituará en ganancias cada vez mayores en el campo de tu elección.

Por eso te recomiendo este material. Hay 52 capítulos: es decir, uno por semana. Lee un poco, reflexiona mucho, y luego, cuando descubras el secreto, ponlo en acción de inmediato. Como dice el Dr. Hill:

Cuando un plan llega a tu mente consciente, mientras estás abierto a la guía de la Inteligencia Infinita, acéptalo con aprecio y gratitud, y ponlo en acción de inmediato. No dudes, no discutas, no desafíes, no te preocupes, no temas al respecto, ni te preguntes si es lo correcto. ¡Ponlo en acción!

Al leer este libro, estás actuando basándote en tu fe explícita en que puedes llegar a ser la persona que deseas ser. Al elevar tu visión hasta tu "yo superior", estás visualizando la imagen del resultado perfecto para tu propósito y tu plan aquí en la Tierra.

Disfruta el viaje. Disfruta el libro.

Judith Williamson

TAN BUENO COMO EL ORO
1

Si no necesariamente vemos el éxito como encontrar la olla de oro al final del arco iris, sino como ser capaces de enfrentar los retos que encontramos al tratar de alcanzar nuestro Propósito Primordial Definido, podremos seguir siendo positivos.

—Eliezer A. Alperstein, CPA

Hoy en día, cada vez escuchamos hablar más sobre la necesidad de cambio. Se necesita el cambio para evitar la acumulación de numerosas características dañinas como la complacencia, el estancamiento, la inercia, la resistencia, la pereza y la autocomplacencia. Se dice que las personas que no desean cambiar, están atrapadas en una zona de confort que muy a menudo ellos mismos han creado. Si se les permite, las zonas de confort se convierten en rutinas en las que caemos y que al final se convierten en tumbas. Si permitimos que nuestras actitudes se vuelvan "grises", nos arriesgamos a envejecer y a desgastarnos en forma prematura.

¿Cómo acepta uno el cambio? He escuchado que una forma de hacerlo es responder a una sugerencia de cambio con un "sí y…" en lugar de con un "sí, pero…" La primera respuesta está abierta y ofrece ideas adicionales, mientras que la segunda, que es más común, más "cortés", tiende a ser una crítica velada. Al decir: "Sí, pero…" uno en realidad está negando la idea que se le está presentando. A esto a menudo se le conoce como crítica constructiva. Por otra parte, decir: "Sí, y…" la puerta permanece abierta a la aceptación y a la oportunidad presente para mezclar ideas en lugar de cerrarle verbalmente la puerta en la cara a una persona.

Nuestras actitudes pueden endurecerse como nuestras arterias. Nuestra dieta mental es tan importante, o tal vez más importante, que nuestro plan alimenticio habitual. Se ha dicho que somos lo que comemos. Es obvio que también somos lo que pensamos. Las características mentales y físicas van de la mano. ¿Has escuchado que a alguien se le dice que es un amargado, un excéntrico, un parásito, o incluso un asno? No se supone que estos calificativos sean alabanzas, pero representan actitudes que se han endurecido tanto que ahora tienen características físicas. ¿No sería mejor que se nos conociera como una ternura, un ángel, un caballero, un líder, o incluso una persona influyente y activa?

Podemos cambiar las palabras que describen nuestra personalidad cambiando nuestras actitudes. Las actitudes determinan nuestra disposición y luego, con lentitud pero en forma sistemática, moldean nuestro carácter. Después, el carácter determina nuestro destino. El cambio empieza en el interior de cada uno de nosotros y se expande a los límites externos de nuestro ser físico. Luego, la energía que generamos llega a las personas con quienes estamos en contacto, contagiándolas. ¿Quieres propagar la enfermedad o la salud? ¿La bondad o la maldad? ¿El cielo o el infierno? La respuesta está en la actitud que muestras y que el mundo puede ver. Si tu actitud no es la que quisieras que fuera, ha llegado el momento de hacer un cambio. Empieza hoy diciendo "sí" en lugar de "no" cuando se presentan las oportunidades. Mira la vida como un regalo que está esperando a que lo desenvuelvas, no como la función de "suprimir" en el teclado de tu computadora. El que te abras y abraces las oportunidades que llegan a ti todos los días, marcará una gran diferencia para tu futuro. Al final, serás mejor por haberlo hecho.

La importancia del cambio

por Napoleón Hill

Un hecho de máxima importancia es que el Creador haya dotado al hombre con el único medio para alejarse de la familia animal y lograr ascender a estratos espirituales, donde puede ser el amo de su propio destino en la tierra. Este medio es la ley del cambio. Mediante el simple proceso de cambiar su actitud mental, el hombre puede trazar para sí mismo cualquier modelo que elija para la vida y el vivir, y hacer realidad ese modelo. Esta es la única habilidad en relación a la cual se le han otorgado al hombre poderes irrevocables, que nadie puede desafiar ni cambiar; poderes que le dan un control absoluto; este es un hecho que indica que el Creador seguramente pensó que esta es la prerrogativa más importante del hombre.

Los dictadores y los que quisieran conquistar al mundo vienen y van. Siempre se *van* porque no es parte del plan general del universo que el hombre sea esclavizado. Lo que sí es parte del modelo eterno es que el hombre sea libre, que viva su propia vida a su manera, que controle sus pensamientos y sus obras, para dar forma a su propio destino en la tierra.

Por eso el filósofo que se remonta al pasado para determinar lo que sucederá en un futuro que aún no ha nacido, no puede sentirse impactado porque un Hitler o un Stalin gocen momentáneamente a la luz de su propio ego y amenacen la libertad de la humanidad. Ya que estos hombres, al igual que todos los de su calaña que los han precedido, se destruirán a sí mismos a causa de sus propios excesos, de sus vanidades y de su deseo insaciable de poder sobre el mundo libre. Además, estos hombres que están dispuestos a estrangular la libertad humana, podrían ser sólo demonios que sin darse cuenta sirven como tropas de vanguardia haciendo que el hombre despierte de su complacencia y abra el camino del cambio que tendrá como resultado estilos de vida nuevos y mejores.

La naturaleza guía al hombre a través de un cambio tras otro utilizando medios pacíficos, siempre y cuando el hombre coopere; pero recurre a métodos revolucionarios si el hombre se rebela, hace caso omiso de la ley del cambio o se niega a aceptarla. El método revolucionario podría consistir en la muerte de una persona amada o una enfermedad severa; podría traer fracasos en los negocios, la persona podría perder un empleo, lo que la obligaría a cambiar de ocupación y buscar empleo en un campo totalmente nuevo, donde encontrará mayores oportunidades, que él nunca habría conocido si no hubiera dejado sus antiguos hábitos.

La naturaleza impone a todo ser vivo, inferior al hombre, la ley de la adquisición de hábitos, y de la misma manera le impone al hombre la ley del cambio. Así, la naturaleza proporciona los únicos medios para que el hombre pueda crecer y evolucionar de acuerdo con su posición fija en el plan general del universo.

La primera adversidad importante que enfrentó Thomas A. Edison, fue cuando su maestro lo mandó a casa después de haber estado sólo tres meses en una escuela primaria, con una nota dirigida a sus padres que decía que él no tenía la capacidad para recibir una educación. Nunca regresó a la escuela; no regresó a una escuela convencional, pero empezó a aprender por sí mismo en la gran Universidad de los Golpes Duros, donde obtuvo una educación que hizo de él uno de los mejores inventores de todos los tiempos. Antes de graduarse de esa universidad, lo corrieron de un empleo tras otro, mientras la mano del Destino lo guiaba a través de los *cambios esenciales* que lo prepararon para llegar a ser un gran inventor. Es posible que una educación formal hubiera arruinado su oportunidad de llegar a ser grande.

La naturaleza sabe lo que hace cuando la adversidad, el dolor físico, el pesar, la angustia, el fracaso y la derrota temporal abruman a una persona. Recuerda esto y sácale provecho la próxima vez que te topes con la adversidad. Y en lugar de llorar rebelándote, o de temblar de miedo, levanta la cabeza y mira en todas direcciones buscando la semilla de un beneficio equivalente que está presente en cada circunstancia de adversidad.

Fuente: ***Tú puedes hacer tus propios milagros***. Napoleón Hill
Fawcett Columbine, Nueva York, páginas 33 y 34.

TAN BUENO COMO EL ORO 2

Como sabes, la semilla de todo éxito es el Propósito Definido. A menudo hablamos de usar un mapa de caminos; si no tienes un destino específico, no puedes elegir una ruta.

—Eliezer Christopher Lake

Estos son cinco hechos que vale la pena recordar:

1. Los pensamientos son cosas.
2. Nuestras elecciones crean nuestros resultados en la vida.
3. Llegamos a ser aquello en que pensamos.
4. Una actitud mental positiva es la actitud mental correcta en toda circunstancia.
5. Nuestra mente sólo puede tener un pensamiento o una emoción a la vez.

Estas afirmaciones, simples pero poderosas, pueden cambiar tu vida. Si pones estas ideas en acción con una actitud positiva, una existencia "indiferente" en este mundo podría florecer y llegar a ser algo milagroso. Así como la mariposa brota de una oruga, que está ligada a la tierra, y se lanza a los aires, esta metamorfosis mágica podría ocurrir en tu vida. El patrón de la existencia parece indicar que primero debe uno echar raíces y luego tener alas. Cuando tus alas empiecen a crecer, a expandirse y a prepararte para el vuelo, ¿por qué no trabajas para comprender mejor la aerodinámica de tu ser invisible?

Dos libros maravillosos que hacen precisamente eso son: *Tu mayor poder* y *Cómo llegar a ser un millonario a nivel mental.* Don

Green, Director Ejecutivo de la Fundación Napoleón Hill, afirma que: "Muchas personas no pueden tener éxito en las mejores épocas porque no han utilizado ESTE GRAN PODER… EL PODER DE ELEGIR. Otras personas aplican ESTE GRAN PODER… EL PODER DE ELEGIR… y tienen éxito incluso en tiempos difíciles porque se niegan a permitir que la adversidad los pare… persisten hasta alcanzar el éxito.

Esta época puede verse con optimismo o con pesimismo, dependiendo de la visión mental que uno cree. Lo bueno siempre existe en lo malo y viceversa. Si te entrenas a concentrarte en lo bueno, podrás reconocer lo bueno cuando se presente en tu vida. De la misma manera, si te concentras en lo malo, eso atraerá más mal hacia ti porque has instalado una antena que lo hace. Los pensamientos emigran, como lo hacen las aves y los peces. Tienen un mecanismo instintivo que los lleva a casa y que dirige sus movimientos. A diferencia de las criaturas que están programadas por el instinto, el hombre crea sus propios patrones. ¿Qué patrones estás diseñando para tu vida? En verdad tienes poder de elección. Elige con sabiduría y con propósito.

Las Riquezas que no Usas

por Napoleón Hill

"Lleva a cabo la acción", dijo Emerson, "y tendrás el poder que esa acción lleva consigo".

Tu recurso más valioso es uno que tal vez no has evaluado adecuadamente.

Es el único recurso con el que puedes elevarte y llegar a cualquier posición o circunstancia que desees, y es un recurso que nunca puedes perder a causa de la maldad de otros, y nadie te lo puede quitar ni robar.

Adecuadamente se le conoce como tu "mayor recurso" porque es lo único sobre lo que tienes un poder de control total e incontestable, y tu Creador debe haberlo considerado así, porque es lo único sobre lo que se te ha otorgado un uso exclusivo.

Tu mayor recurso es tu privilegio para tomar posesión de tu propia mente y dirigirla hacia el logro de los propósitos que desees. Este privilegio exclusivo lleva consigo riquezas profundas como recompensa por usarlo con sabiduría, y castigos inmisericordes si no lo aceptas y lo usas con sabiduría.

Entre las riquezas que recibirás por controlar y dirigir tu propia mente, están la seguridad financiera, la buena salud, la paz mental, el afecto de tus amigos y de tus seres queridos, y el nivel de vida que tú elijas.

Entre los castigos que podrías sufrir por no tomar posesión de tu propia mente, están la pobreza, la mala salud, el miedo y la preocupación, la pérdida de los amigos y *oraciones sin respuesta*.

Se te dio una mente para que la usaras para responder a todas tus necesidades en el asunto de negociar tu camino por la vida usando el estilo que elijas. Al igual que cualquier órgano o músculo de tu cuerpo, el cerebro con el que funciona tu mente, se atrofiará y se marchitará si no se usa.

El uso más elevado y noble que puedes dar a tu mente es desarrollar un sexto sentido a través del cual podrás comunicarte con la fuente de toda sabiduría cuando ores.

Y cuanto más dependas de la oración para que te guíe en todos tus actos, más fuerte será el poder de tu mente, y finalmente llegará el momento en que podrás comunicarte con la Inteligencia Infinita al instante y a voluntad.

Charles P. Steinmetz, expresó en una ocasión la creencia de que llegaría el momento en que la acción de la oración sería tan científica y tan definida como las reglas de las matemáticas o las leyes de la física. Otros grandes pensadores han expresado creencias similares.

Fuente: ***Éxito ilimitado.***

TAN BUENO COMO EL ORO 3

Napoleón Hill lo describe mejor que nadie. Una personalidad agradable es la suma total de tus características mentales, espirituales y físicas, que te distinguen de todas las demás personas.

—Loretta Levin

Desarrollar una personalidad agradable es uno de los escalones más importantes en la escalera hacia el éxito. El tiempo que se invierte en la adquisición de esta característica reportará beneficios ahora y en el futuro. Considera por un momento a las personas que conoces y que poseen una personalidad genuina y agradable. No me refiero al vendedor que podría convencerte para que compraras una Computadora TRS 80 que debería estar en el Smithsonian, sino más bien a la persona que ilumina una sala, que sostiene una conversación en dos direcciones contigo y te deja sintiéndote mejor por haberlo hecho, que genera entusiasmo donde antes no lo había, y que tiene un carisma que supera las palabras. Ten una imagen visual de esa persona en los ojos de tu mente, y después determina que vas a reflejar esas mismas características en ti mismo y que serás como la persona que decidiste adoptar como modelo.

Ahora, el siguiente paso es poner tu plan en acción. Pregúntate cómo podrías mejorar tu personalidad, y luego decide cultivar esas características una a la vez. Por ejemplo, ¿hablas más de lo que escuchas? ¿Interrumpes a las personas antes de que terminen la frase que están diciendo? ¿Rechazas sus ideas apoyando las tuyas sin una razón válida? ¿Reduces su importancia no prestándoles atención cuando están en tu presencia? ¿Descuidas decirles "por favor" y "gracias" cuando hablas con ellas? ¿Siempre estás pidiendo ayuda pero no ofreces ninguna ayuda como respuesta? Todos estos aspectos pueden hacer que tengas una personalidad que no es agradable a los ojos de los demás. Y te guste o no, lo que cuenta en tu evaluación general no es la impresión que tú tienes de quién realmente eres, sino la impresión que otros dicen tener de ti.

Hay dos acciones sencillas que puedes hacer en este momento para mejorar tu puntaje en lo relacionado con tu personalidad, y son sonreír y escuchar. Cuando saludas a otros con una sonrisa en el rostro, los animas a responderte con una sonrisa. Este intercambio de sonrisas enriquece la atmósfera positiva y permite que empiecen a fluir pensamientos positivos entre ustedes. Además, al escuchar primero y hablar después, podrías llegar a ser una persona con la que otros disfrutan hablar, y lo que es más importante, al escuchar realmente a otros podrías aprender algo en el proceso. Ninguna de estas acciones es difícil, pero pueden marcar una gran diferencia en la percepción que otros tienen de ti. Entonces, sólo por hoy, inténtalo. Si al recordarlo esta noche, descubres que el solo hecho de sonreír y escuchar marcó una diferencia positiva en tu desempeño, decide añadir estas dos acciones a tu caja de herramientas para el éxito. Pronto empezarás un proyecto de decoración interior que transformará tu hogar en un entorno de hospitalidad.

Cómo desarrollar una personalidad agradable

por Napoleón Hill

"Tu personalidad es el muestrario en que presentas lo que tienes que ofrecer".

El punto que ocupa el primer lugar en toda la lista de causas del fracaso es *la incapacidad de llevarse bien con otros en forma agradable.* Se ha dicho que la personalidad agradable de Franklin D. Roosevelt hizo de él el político más exitoso que hemos conocido.

La personalidad agradable de Charles M. Schwab lo llevó de un trabajo manual a un puesto en el que ganaba 75,000.00 dólares al año, y además, a menudo recibía bonos diez veces mayores.

Puedes tener una "personalidad de un millón de dólares" si sigues estas instrucciones:

- Desarrolla una actitud mental positiva y exprésala en todas tus relaciones con otros.
- Entrena tu voz hablando siempre con un tono agradable que refleja amistad.
- Cultiva el hábito de tener la mente alerta y estar dispuesto a escuchar con interés cuando otros conversan contigo. Quizás "decirle a alguien lo que se merece" alimente al ego, pero nunca atraerá amigos.
- Vuélvete flexible en todas tus relaciones con otros ajustándote a cualquier circunstancia sin perder la calma y serenidad, y recuerda que el silencio de la "otra persona" puede ser más grande que tus palabras cuando estás enojado.
- Desarrolla el hábito de la paciencia y recuerda que calcular bien el tiempo en todo lo que dices y haces podría darte una gran ventaja sobre una persona impaciente.
- Ten una mente abierta en todos los temas y hacia las personas, pues es un hecho confirmado que las oportunidades favorables nunca derriban las puertas de una mente cerrada, y la intolerancia no hace que aumente la sabiduría.

- Aprende a sonreír cuando hablas con otros y en esa forma los desarmarás eliminando cualquier sentimiento de que tú no eres una persona amigable.
- Usa tacto en tu manera de hablar y actuar, recordando que no todos los pensamientos deben expresarse, aunque se basen en la verdad.
- Cultiva el hábito de tomar decisiones con prontitud y recuerda que el dejar las cosas para después *muestra a otros una característica negativa de la personalidad.*
- Realiza al menos una buena obra cada día; una obra en la que alabes a una o más personas o les prestes un servicio, sin esperar una recompensa, y observa con cuánta rapidez crece tu lista de amigos.

Estos diez pasos para tener una personalidad agradable son tuyos y son para que los uses.

Fuente: ***Éxito ilimitado.***

TAN BUENO COMO EL ORO 4

La tolerancia es un regidor interno que nos impulsa a no llegar a conclusiones intempestivamente cuando juzguemos a una persona o una idea, en esa forma no nos perdemos del beneficio, la belleza y el aprendizaje que hay en ellas.

—Mary Foley

Los consejos de Napoleón Hill son tan pertinentes hoy en día como lo fueron cuando se escribieron hace décadas. Cualquier persona que tenga interés en ser un agente de cambio en el mundo debería memorizar los principios del Dr. Hill sobre la tolerancia. Con el cambio viene el crecimiento. Con el cambio viene la renovación. Con el cambio viene la primavera y el renacimiento. A menudo, la tolerancia precede al cambio y prepara al individuo para nuevas experiencias de aprendizaje. Si se le ve como un catalizador, lleva a la persona a nuevas oportunidades de avance en el mundo de hoy. Se le puede comparar con la evolución del espíritu, en que los pequeños cambios de cada día convergen para crear un cambio monumental en el campo de la perspicacia y la comprensión. Si no estamos dispuestos a abandonar la incredulidad, es decir, si no somos tolerantes ante algo nuevo, no puede ocurrir un cambio de importancia en nuestra vida.

Para ser tolerante se requiere que por un tiempo hagamos a un lado nuestras creencias personales, nuestros valores, nuestros intereses, actitudes e ideas. Esta suspensión temporal de lo que sabemos es "verdad", hace posible que se presenten ideas nuevas para nuestra consideración. Esto es muy similar a comprar ropa nueva; el hecho de probársela ayuda a la persona a determinar si debe o no comprarla. Cuando las ideas nuevas se ponen a prueba para ver si "son adecuadas" a nivel cognoscitivo, la persona determina si la idea puede o no incorporarse a su guardarropa mental. Si la respuesta es afirmativa, las elecciones personales crecen; si la respuesta es negativa, las elecciones de la persona serán las mismas de antes.

El cambio es el latir del Universo. Está vivo y crece. Nos impulsa hacia delante. Crea movimiento. La tolerancia abre la puerta y nos invita a un cambio deseable. Es un estrechar la mano que puede llevarnos a la fraternidad. Es un círculo que nos lleva a su interior y no a excluir a otros. Es algo que une, y no que divide.

Por lo tanto, cuando tengas la oportunidad de ser espontáneo y abierto, acéptala. Explora la oportunidad y ponla a prueba. Si te funciona, úsala. Si no, debes saber que la pusiste a prueba y por el hecho de haberla puesto a prueba, eres mejor. Sin embargo, si el zapato no te queda, no tienes que usarlo. Siempre puedes practicar y luego llegar a ser un maestro. Como afirma Emerson: "Lleva a cabo la acción y tendrás el poder que hay en esa acción". Fue un buen consejo en su época y lo es ahora.

Tolerancia; el credo del filósofo

por Napoleón Hill

Que siempre tenga yo una mente abierta en todos los temas para poder crecer mental y espiritualmente.

Que nunca llegue el día en que yo no sea capaz de aprender de la persona más humilde.

Que nunca olvide que una mente cerrada es una mente estrecha.

Que nunca caiga en el mal hábito de expresar opiniones en ningún tema si no se fundamentan en conocimientos razonablemente confiables.

Que nunca tache yo a otros de estar equivocados sólo porque no están de acuerdo con mis opiniones en cualquier tema.

Que el Poder de la Razón siempre me impida hablar cuando no debo hacerlo, cuando no se me ha invitado a hablar.

Que siempre muestre yo un respeto sano hacia las personas con las que tal vez no esté de acuerdo.

Que siempre recuerde yo que lo que mejor sé es que sé muy poco sobre cualquier tema; la suma total del conocimiento adquirido por toda la humanidad no es suficiente para justificar que un hombre se jacte de sus conocimientos.

Dame el valor de aceptar que no sé cuando se me haga una pregunta sobre la que sé muy poco o no sé nada.

Que siempre esté yo dispuesto a compartir los humildes conocimientos que pueda poseer y que podrían ayudar a otros.

Y nunca permitas que olvide que la humildad del corazón atraerá más amigos que toda la sabiduría de la humanidad.

Que siempre siga yo siendo un estudiante en busca de la verdad, y que nunca aparente ser un erudito consumado en cualquier tema.

Dame algunos libros buenos, algunos amigos leales con quienes me atreva a ser yo mismo, y nunca permitas que olvide estas palabras; "Esperanza, Fe y Caridad".

Fuente: ***Éxito ilimitado.*** Agosto de 1955. Volumen II, Número VII, página 25.

TAN BUENO COMO EL ORO 5

La lectura, más que ninguna otra actividad, tiene el poder de liberar nuestro potencial y, en el proceso, dar rienda suelta a "los mejores ángeles de nuestra naturaleza", como dijo Abraham Lincoln, un hombre que pasó de ser un joven campesino a ser Presidente de Estados Unidos, leyendo libros, estableciendo una meta, y trabajando incansable y persistentemente para alcanzarla.

—Gail Brooks

Si lo único que haces con un niño es leerle, le estás prestando un gran servicio. Se ha dicho que "quienes leen llegan a ser líderes", y para educar líderes debes inculcar en los jóvenes el amor por la lectura. Admito que soy "adicta a los libros". Y te diré un pequeño secreto: Don Green, el Director Ejecutivo de la Fundación también lo es. Simplemente nos encantan los libros y amamos la lectura. Don se jacta de tener varios libros en su mesita de noche y dice que los lee en forma simultánea. Mi esposo dice que yo tengo gran parte de la Biblioteca del Congreso de Estados Unidos en nuestra casa. Me gustan los libros de autoayuda debido al trabajo que hago, pero mi interés general en los libros es diverso. Creo que mucho antes de que yo aprendiera a leer, mi madre hizo que estuviera yo consciente del valor de la lectura y de lo que los libros pueden hacer por una persona.

En un correo electrónico que recibí del Dr. J. B. Hill, nieto de Napoleón Hill, él mencionó algunos artículos educativos que descubrió cuando estaba trabajando en la genealogía de la familia Hill. El Dr. J. B. Hill dice:

> Las mujeres siempre han sido una fuente esencial de educación en la familia Hill. Mi madre era irlandesa y me enseñó

a leer; mi abuela le enseñó a leer a mi papá antes de que cumpliera 5 años; mi bisabuela, que fue la madrastra de Napoleón Hill, lo educó y le enseñó a leer. Y es probable que mi tatarabuela haya educado al padre de Napoleón. La semana pasada observé a mi esposa Nancy enseñándole a leer a nuestra hija y me di cuenta de que pasará lo mismo en esta generación. Mi papel es el de protector, proveedor, encargado de la disciplina, instructor de ética y Papá. Pero Nancy es la verdadera maestra de nuestros hijos.

Esta fue mi respuesta:

Parece que realmente has estudiado la historia de la familia Hill y has descubierto tendencias que beneficiarán a las generaciones futuras. Mi madre también me enseñó a leer. Yo era perezosa en el primer grado porque me madre me leía mucho y yo lo disfrutaba. Escucharla era mi pasatiempo favorito. Sin embargo, cuando la maestra del primer grado amenazó con no aprobarme si no aprendía a leer, mi madre le respondió: "¿Cómo que no sabe leer? ¡Leemos todo el tiempo!". Cuando llegué a casa después de esa reunión de mi madre y mi maestra, mi madre me castigó por no leer y por intuición supo lo que tenía que hacer. Dijo: "A partir de ahora, te voy a leer tus cuentos favoritos, pero sólo una página sí y otra no. Tú tienes que leer una página después de que yo lea una página".

Eso fue todo lo que se necesitó para que yo me convirtiera en una entusiasta de la lectura, en lugar de ser alguien que escucha pasivamente. Mi madre cumpliría años el 20 de febrero, pero nos dejó en 1990; sin embargo ella está en mi corazón todos los días. Era más inteligente que todos los maestros que tienen títulos universitarios y mucha experiencia. Como las mujeres de la familia Hill, mi madre conocía el secreto para encender la luz del aprendizaje. Y eso ha marcado una gran diferencia en todos nosotros. Hoy en día, de ser una niña de primer grado que no sabía leer (o no quería hacerlo), ahora tengo

> una licencia administrativa K-12 como especialista en lectura, entre otros títulos universitarios. Además, sé que el mejor maestro es el que está más cerca del alumno, no el que ejerce su autoridad sobre un estudiante reacio y trata de imponerle una educación. Usando una máquina de escribir o un libro de cuentos, un maestro inteligente sabe cómo despertar el deseo de aprender en un niño, poner ese deseo en acción y obtener resultados. Yo quisiera que las familias se dieran cuenta de esto y utilizaran la magia que hay en el interior de sus hijos para dar rienda suelta a su potencial. ¡Parece que tu esposa está trabajando muy bien con tus hijos! ¡Enhorabuena!

Al compartir estos dos relatos personales contigo, espero que empieces a comprender la importancia de la lectura en la vida de una persona. Los buenos libros nos guían a buenos pensamientos que crean vidas buenas. No pierdas la oportunidad de ser un lector asiduo. ¿Dónde más podrías recibir una lección directamente de un experto? Esto es lo más valioso que hay en el planeta. ¡Toma un libro y lee! Te garantizo que vas a aprender mucho. Las madres no pueden estar equivocadas. Y el Dr. J. B. Hill, Don Green y yo te recomendamos la lectura de todo corazón.

Deja de hacer que tus hijos sean unos fracasados

por Napoleón Hill

¿Te das cuenta de que el éxito o el fracaso de tus hijos dependen de ti? La educación escolar y religiosa que reciben tus hijos representa una parte importante de su vida, por supuesto, pero la influencia que reciben al vivir cerca de ti puede y debe ser una influencia que los lleve al éxito.

Existen tres principios importantes que puedes enseñarles a tus hijos y que harán mucho por guiarlos hacia el éxito y la felicidad a lo largo de su vida. La primera es tener un Propósito Definido. Este hábito debería iniciarse en los primeros años de un niño, de modo que llegue a ser un aspecto permanente de su carácter.

No hace mucho tiempo visité a unos amigos y su hijo estaba entretenido con un juguete de armar. Estaba tratando de construir un diseño espiral que pronto se vino abajo. Empezó a llorar cuando su comprensiva madre vino a su rescate y le preguntó qué quería construir.

"No sé", dijo el niño sollozando, "sólo algo que no se caiga".

"Antes de empezar a construir" le aconsejó su madre, "debes saber lo que quieres, y debes tener un plan que puedas seguir. Ahora, veamos lo que te gustaría construir".

Después de que la madre mencionó varias cosas que podrían construirse con las piezas del juguete, el niño decidió hacer una casita y se puso a trabajar con gran entusiasmo.

"Esto va a requerir más tiempo y más trabajo", advirtió el padre, "pero cuando termines, estará en pie y estarás muy orgulloso de lo que hiciste".

Cuando estaba yo a punto de despedirme y salir, el niño me tomó de la mano muy contento y me pidió que fuera a ver su casa "que no se iba a caer".

"Esto es mucho mejor que armar algo a lo tonto", exclamó triunfante.

Cuando salí de la casa y me dirigía a mi coche, el padre del niño me acompañó. Era un ejecutivo de una organización muy grande que maneja una cadena de tiendas a nivel nacional. Diez años antes, había empezado como empleado en el departamento de abastos de una de las tiendas más pequeñas. Avanzó hasta ocupar la vicepresidencia cultivando el hábito de tener un propósito definido. "Ahora entiendes", exclamó orgulloso, "por qué estamos haciendo todo lo posible para que nuestro hijo crezca entendiendo el valor de saber lo que quiere".

Durante los años en que tu hijo suele decir: "cuando yo sea grande..." y sueña con trabajar en un ferrocarril, ser astronauta o actor de cine, incúlcale la fe, de modo que sepa que podrá tener éxito en lo que él elija, independientemente de lo que sea; pero usa tacto para influir en él, de modo que tome una decisión definida para trabajar hacia un propósito específico, definido e importante en la vida.

El segundo principio del éxito es que deberías enseñarles a los niños el hábito de hacer más de lo que se espera de ellos; de entregar un servicio útil que vaya más allá de lo que marca el deber. Este es un hábito que "debe" cultivarse. No conozco a nadie que, sin haber cultivado este hábito, se haya elevado a las grandes alturas del éxito en cualquier actividad. Además de crear oportunidades favorables en el ámbito financiero para quienes siguen este principio, les proporciona mucha fuerza de carácter y la capacidad de cultivar amistades con facilidad.

José y Pedro eran vecinos y ambos eran hijos de obreros. Sus padres no habían tenido la oportunidad de estudiar una carrera, pero la familia de José tuvo la sabiduría de reconocer el valor del hábito de "hacer más de lo que se espera de uno", y le enseñaron a hacerlo desde que era niño.

Los padres de Pedro, por el contrario, le inculcaron la idea de conseguir todo lo que pudiera sin levantar un dedo, y él no perdió tiempo y adoptó esta idea como propia.

Mientras José crecía, su padre pudo ascender a un puesto de capataz, luego al puesto de jefe de departamento en la planta donde trabajaba, siguiendo el hábito de entregar más servicio y un mejor servicio del que se le pagaba por entregar. Le inculcó ese hábito a su hijo.

En la primaria y en la secundaria, José fue una persona generosa que sabía compartir su tiempo en actividades extracurriculares y en lo relacionado con sus posesiones. Constantemente se esforzaba por ser agradable con sus maestros y con sus compañeros. Además, su hábito de hacer más de lo que se esperaba de él, le proporcionaba gran placer, pues actuaba con una actitud mental muy agradable.

Por su parte, Pedro trabajaba lo menos que podía para irla pasando. El resultado fue malas calificaciones en la escuela, dificultades con los maestros y los compañeros. No participaba en actividades deportivas porque decía que "No pagaban". ¿Dónde aprendió esta actitud? La aprendió de su padre que constantemente se quejaba de los "esclavistas" de la planta, del sistema escolar y de todas partes.

José consiguió una beca gracias a la cual pudo asistir a la universidad. La obtuvo por su excelente actuación en la preparatoria, y después obtuvo grandes honores en la universidad, debido a que siguió cultivando el hábito de hacer más de lo que se esperaba de él. Nunca preguntaba: "¿Qué voy a sacar de esto?", sino: "¿Cómo puedo contribuir para ayudar a alguien?".

Pedro se burlaba de José diciendo que "trabajaba como burro y trataba de matarse haciendo algo por los demás". Pero al que "trabajaba como burro" le fue muy bien. Gracias a su desempeño escolar, al graduarse recibió una oferta de trabajo con una gran empresa. Todavía tiene el hábito de hacer más de lo que se espera de él. Eso le ha ayudado a conseguir dos promociones con mejores sueldos, superando a otros jóvenes que empezaron a trabajar en esa misma empresa con la misma preparación que tenía José, y que eran tan inteligentes como él.

¿Cómo le fue a Pedro? Al terminar la preparatoria consiguió un trabajo de poca importancia. Constantemente se queja de que a José se le presentan las mejores oportunidades. Todavía no se ha dado cuenta de que José avanzó y consiguió las mejores cosas de la vida DANDO antes de intentar RECIBIR, y que en esa forma puso en marcha la ley de los "beneficios que se incrementan" y que ahora trabajará a su favor. Y los padres de Pedro no tienen la menor idea de que fracasaron y que no prepararon a su hijo para tener éxito en la vida.

El tercer principio del éxito que deberías enseñarle a tu hijo es el hábito de una actitud mental positiva. El hábito de pensar en lo que uno puede hacer y no en lo que no puede hacer. Henry Ford dijo en una ocasión que lo que más necesitaba en su empresa eran más hombres que no tuvieran nada que ver con la frase: "No puede hacerse".

Dos jovencitas decidieron hacer una prueba para participar en la obra teatral de la clase juntas.

Cuando Nancy les dijo a sus padres lo que quería hacer se entusiasmaron mucho y la animaron a presentar la prueba. Pero cuando Juana les dijo a sus padres lo que quería hacer, sólo recibió comentarios negativos: "¿Por qué quieres perder el tiempo con eso? Además tu voz es demasiado aguda. Y dedicarás demasiado tiempo a eso y te vas a resfriar en ese auditorio tan frío. Nunca podrás aprender los diálogos y cometerás errores y tu vergüenza será eterna".

La pobre chica fracasó antes de comenzar. Fracasó porque sus propios padres le transmitieron una actitud negativa de que "no podría" hacerlo.

Nancy hizo la prueba para la obra teatral. No le dieron el papel, pero sus padres, que tenían una actitud mental positiva, de inmediato le ayudaron a encontrar en su derrota temporal la semilla de un beneficio equivalente. "Bueno, esto te permitirá dedicar más tiempo a la costura para el Concurso Estatal", le dijo su madre para tranquilizarla. Nancy ganó el segundo lugar en el concurso, y en su vida adulta llegó a ser una esposa con mucho aplomo y serenidad, y ahora es madre de dos hermosos hijos, a quienes les está enseñando el hábito de la actitud mental positiva.

Juana tampoco tuvo un papel en la obra teatral, pero ni siquiera se esforzó por tenerlo. En una ocasión de hecho logró superar los gemidos y lamentaciones de sus padres y trató de entrar al equipo de natación. Cuando no fue seleccionada, lo único que le dijeron sus padres fue: "Te lo dije". En la actualidad, Juana es una mujer centrada en sí misma y tímida, que dedica su tiempo y gasta su dinero a tomar todo tipo de medicamentos para aliviar sus "malestares y dolores". Su actitud mental negativa ha hecho de ella una hipocondríaca confirmada.

Si los padres de familia piensan y hablan de enfermedad, de pobreza y de fracaso, transmitirán estos estados mentales a sus hijos, quienes a su vez los usarán como obstáculos que los llevarán al fracaso a lo largo de su vida. Piensa, actúa y habla sobre la salud, la afluencia, los logros..., y dales a tus hijos un camino hacia el éxito.

Fuente: ***Éxito ilimitado.*** Noviembre de 1956. Volumen III, Número XI, páginas 36 y 40.

TAN BUENO COMO EL ORO 6

Tener fe es difícil. Aplicar esa fe a tu vida es incluso más difícil. Pero hay personas que puedes usar como modelo y que pueden mostrarte cómo hacerlo.

—Libby Gill

La fe es una actitud espiritual valiente ante un resultado positivo que no se puede ver. Es saber que aquello en lo que crees seguramente sucederá. Es tener la certeza de que estás en el camino correcto y que ese camino, que en ocasiones parece sinuoso, te llevará a tu destino. La fe es creer en un poder superior y reconocer que este poder es mayor que el "yo individual". No obstante, este poder se preocupa lo suficiente como para tenerte en la palma de Su mano. Y lo que es más importante, la fe es saber que sin acción de tu parte, la fe no será suficiente. Esta es la cita que usa el Dr. Hill: "La fe sin obras está muerta". Esto de hecho resume el significado de la acción.

La fe que se aplica es el catalizador que hace girar las ruedas del éxito. Es el aceite que lubrica el movimiento y la acción. Es la levadura que se añade a otros ingredientes para que el pan se fermente. Te permite trabajar con dignidad y valor tratando de ser más competente. Hace que te sigas esforzando incluso cuando las cosas son difíciles. Tal vez no les dé vigor a tus pasos, pero al menos hará que salgas por la puerta.

Tomando un punto de vista opuesto, me agrada la forma en que Edgar Guest transmite la idea en su poema "El mundo está contra mí". Por favor reflexiona en la forma en que la falta de fe afecta al impulso de una persona hacia el éxito, leyendo este poema.

El mundo está contra mí

"El mundo está contra mí", dijo él con un suspiro,
"alguien detiene cada plan que intento llevar a cabo.
El mundo me ha sobajado y me mantiene abajo;
no tengo oportunidades. Ah, ¡el mundo es injusto!
Cuando alguien es pobre, no puede progresar;
el mundo ha determinado mantenerlo abajo".

"¿Qué me dices de Abe Lincoln?" pregunté, "dirías
que él era mucho más rico de lo que tú eres ahora?
Él no tuvo las oportunidades que tú tienes para alcanzar el éxito,
y su punto de vista a veces fue muy sombrío;
pero se aferró a su propósito con el valor más denodado
y llegó a la cumbre. ¿Estaba el mundo en su contra?

"¿Qué me dices de Ben Franklin? A menudo he escuchado
que muchas noches se fue a la cama con hambre.
Empezó de la nada; lo único que tenía era el valor para ascender,
pero luchó con paciencia y esperó su momento.
Durante un tiempo colgó de las ramas de la pobreza,
y sin embargo llegó a la cumbre. ¿Estaba el mundo en su contra?

"Podría yo nombrar a una docena de personas,
sí, supongo que podría nombrar a cientos de jóvenes pobres
que escalaron con paciencia hacia la cumbre del éxito;
todos eran jóvenes que estaban hundidos y lucharon solos,
jóvenes que se considerarían afortunados si hubieran tenido tu fortuna;
pero destacaron en el mundo que tú estás tan dispuesto a condenar,
y te pregunto: ¿Estaba el mundo en su contra?"

—Edgar A. Guest

Presento una última pregunta a tu consideración. ¿Tienes fe o tienes miedo? No puedes tener ambos. Pero siempre puedes decidir qué actitud adoptar. Valdría la pena considerar seriamente la respuesta que vas a dar.

La fe aplicada

por Napoleón Hill

"La fe es la puerta por la que podemos tener acceso a la Inteligencia Infinita".

La fe es un estado mental que se ha llamado "el motivo principal del alma", a través del cual nuestros propósitos, deseos y planes pueden transformarse en su equivalente físico o financiero.

Estos son los fundamentos de la FE APLICADA:

- Un propósito definido, apoyado por la iniciativa o la acción personal.
- Una actitud mental positiva, libre de sentimientos negativos como la envidia, el odio, los celos y el miedo.
- Una alianza de "Mente Maestra" con una o más personas que irradian un valor que se basa en la fe, y que se adaptan a nivel mental y espiritual, a nuestras necesidades para llevar a cabo un propósito específico.
- Reconocer el hecho de que cada adversidad lleva consigo la semilla de un beneficio equivalente, que la derrota temporal no es un fracaso hasta que se haya aceptado como tal.
- El hábito de expresar gratitud por las bendiciones que uno tiene todos los días, en forma de una oración.

Para crear una actitud mental que sea favorable para expresar la Fe Aplicada, sigue estas instrucciones:

1. Debes saber lo que quieres y determinar lo que darás a cambio por ello.
2. Cuando determines el objetivo de tus oraciones, permite que tu imaginación te vea como si ya lo hubieras alcanzado.
3. Mantén la mente abierta para recibir la guía interior, y cuando recibas inspiración de una corazonada, préstale atención de inmediato, ya que podría tener la respuesta a tu búsqueda.
4. Cuando sufras una derrota, como podrías sufrirla en numerosas ocasiones, recuerda que la fe de un hombre a menudo es puesta a prueba en muchas formas, y la derrota podría ser simplemente un momento de prueba para ti; *por lo tanto, acéptala sólo como una inspiración para hacer un mayor esfuerzo.*

No existe tal cosa como una fe "general". Debes tener un objetivo, un propósito o un deseo definido, antes de poder disfrutar de los beneficios de la Fe Aplicada.

La fe te guía desde tu interior; no te dará lo que buscas, pero te mostrará el camino por el que podrías buscar lo que deseas.

La fe es la puerta que debes cruzar para comunicarte con la Inteligencia Infinita y recurrir a su ayuda. *Y es lo único que hará que tus oraciones tengan respuesta.*

Fuente: ***Éxito ilimitado.***

TAN BUENO COMO EL ORO 7

Tenía yo dos cosas en marcha: mi fuerte ética profesional y mi capacidad para sobrevivir. Como diría Napoleón Hill, tenía yo flexibilidad. El Dr. Hill define flexibilidad como "la capacidad de adaptarse a las emergencias y a las circunstancias rápidamente cambiantes, sin perder el aplomo ni permitir que el enojo produzca desconcierto".

—Jim Conelly

Cuando estudiaba yo Literatura Inglesa en la universidad, se me asignó la lectura de un relato que lleva por título "Bartleby el Escribano" por Herman Melville. Melville escribió esta historia después de escribir su novela clásica, *Moby Dick.* Bartleby era el protagonista de la historia y era un personaje poco usual. Un día, después de ser contratado como copista en una oficina de abogados se le asignó una tarea, y su respuesta fue: "Preferiría no hacerla". Al paso del tiempo, ésta llegó a ser su respuesta habitual; casi la usaba como un mantra. Esto desconcertaba a todo mundo, y se buscaron respuestas que explicaran su conducta. Tristemente, la situación empeoró y, como podía predecirse, Bartleby "prefirió" dejar de vivir. Al terminar la historia, el lector se ve obligado a preguntarse por qué Bartleby decidió no decidir. ¿Creía que su indecisión creaba una red protectora a su alrededor, o sentía que al no decidir estaba afirmando su independencia? Independientemente de sus razones, al final salió perdedor. Su indecisión lo llevó a la extinción.

Existen ventajas obvias en ser flexible. En la toma de decisiones, la flexibilidad se relaciona con la capacidad de visualizar en forma creativa. Estar abierto y no cerrado a lo que el Universo trae a nuestra puerta, nos coloca como receptores. El recibir funciona mejor cuando es un proceso recíproco. Como dijo San Francisco: "Al dar recibimos". Das para recibir y recibes para dar. Una semilla se siembra, crece y produce una cosecha, produciendo así más semillas que pueden sembrarse, en tu vida debe pasar lo mismo. Impedir este proceso detiene nuestro crecimiento y acelera muestra muerte. Al ser flexibles, permanecemos jóvenes, ágiles y en crecimiento. Cuando interferimos con este proceso, empezamos a deteriorarnos y a morir.

Decide no ser rígido sino flexible. Haz lo inesperado. Arriésgate. Acepta un reto. Mira lo que el Universo trae a tu puerta. Y, ¿quién sabe? Podrías atrapar una estrella fugaz, encontrar a un duende de la buena suerte, frotar la lámpara de Aladino, y de hecho encontrar la olla de oro al final del arco iris, como en las historias que leíamos cuando éramos niños. Pero eso no sucederá si no eres lo bastante flexible para responder como responden los triunfadores, diciendo: "¡Sí puedo!".

La flexibilidad puede hacer milagros

por Napoleón Hill

Durante su larga e interesante carrera, Napoleón Hill ha conocido a los grandes del mundo, ha hablado con ellos y los ha estudiado. Lo que ha aprendido de ellos lo comparte contigo, junto con su sabiduría. Son pocos los hombres que a lo largo de la historia han sido capaces de ejercer influencia en la vida de tantas personas como Napoleón Hill. Sus obras, entre ellas Piense y hágase rico, La ciencia del éxito *y* Cómo elevar tu propio salario, *sus conferencias, sus programas de radio y sus películas han ayudado a incontables miles de personas a ayudarse a sí mismas.*

Es probable que Andrew Carnegie, fundador de la gran empresa United States Steel Corporation [Corporación acerera estadunidense] destaque entre todos los industriales de su tiempo como el mejor juez de los seres humanos. Fue responsable del éxito de más personas que ningún otro hombre de su tiempo.

Cuando el Sr. Carnegie necesitaba un hombre para una tarea importante, buscaba estos rasgos en su personalidad antes de contratarlo: Un agudo sentido de lealtad; fiabilidad, flexibilidad, y por último, la capacidad de desempeñar bien un trabajo específico.

El Sr. Carnegie decía que si un hombre no era leal, fiable y flexible, su capacidad, sin importar lo grande que fuera, no podría hacer que estuviera calificado para un puesto de responsabilidad como ejecutivo o supervisor. Al decir "flexibilidad" se refería a la capacidad de adaptarse a las emergencias y a circunstancias rápidamente cambiantes sin perder el aplomo ni permitir que el enojo produzca desconcierto.

Ilustraba lo que quería decir relatando una experiencia que tuvo con su jefe de químicos. Él quería contratar al mejor químico que el dinero pudiera pagar, de modo que mandó a un cazatalentos a Alemania para buscar a este hombre, y lo encontró trabajando para Krupp Gun Works. Se requirió un sueldo fabuloso y un contrato de cinco años para poder alejar a este hombre de Krupp Works, pero lo contrató y lo llevó a Estados Unidos.

Al final del primer mes, durante el cual el químico llegó a ser parte del grupo de mente maestra del Sr. Carnegie, fue evidente que había sido un error contratarlo. Indudablemente, este hombre era el químico mejor capacitado que el Sr. Carnegie había conocido, pero tenía una actitud estática y terca, que hacía imposible que otros miembros de la organización Carnegie se llevaran bien con él. Por lo tanto le pagaron su liquidación por el contrato de cinco años que había firmado y lo despidieron.

Uno de los ejecutivos de Carnegie mencionó que esta había sido una experiencia muy cara. "Sí", dijo Carnegie, "pero no tan cara como hubiera sido si no lo hubiéramos despedido". Esta fue una de las pocas veces en que se eligió un hombre para un importante puesto ejecutivo en las organizaciones de Carnegie, sin que lo analizara el gran Carnegie.

La causa más común del fracaso individual es la falta de capacidad para llevarse bien con otras personas. La flexibilidad cura esta debilidad. No hay dos personas iguales en lo que concierne a sus rasgos personales y sus actitudes mentales. La persona de éxito reconoce este hecho, y también reconoce que no puede volver a hacer a una persona ni cambiar su actitud mental de modo que sea como a ella le conviene, por lo tanto, cambia su actitud en forma temporal para evitar conflictos con otros.

Tenemos oídos para oír y bocas para hablar, pero por fortuna no tenemos que hablar cada vez que escuchamos algo que no nos gusta. El silencio puede ser un arma poderosa, y a menudo lo usan los sabios cuando están en contacto con personas que son irritables, que tienden a crear incidentes desagradables o que suelen discutir.

Franklin D. Roosevelt fue uno de los hombres más flexibles que he conocido. Podía ser todo para todos con la mayor felicidad, y se ha dicho que esta cualidad de la flexibilidad fue su recurso más importante y el que hizo de él el político más exitoso que alguna vez ha ocupado la Casa Blanca.

He visto personas que entran a la oficina del Presidente Roosevelt rugiendo como leones, y después de que él habla con ellas, salen como corderos. Un día un banquero prominente fue a ver al Presidente. Estaba furioso porque un miembro del personal de la Casa Blanca lo había dejado esperando por lo que él consideró "una eternidad". Antes de que siquiera se sentara y empezara a ventilar su fastidio diciendo: "Mi tiempo es importante, y no me gusta que cualquier esbirro lo desperdicie". Roosevelt usó su sonrisa de un millón de dólares y dijo: "Bueno, sé exactamente cómo se siente, porque mi tiempo también es importante, o estoy engañando horriblemente a muchas personas". El banquero sonrió, se disculpó con el Presidente y dijo: "Daría un millón de dólares por tener su flexibilidad". Y es probable que con gusto lo hubiera hecho.

Casi no pasa un día sin que las experiencias que se presentan en la vida de cualquier persona pudieran amplificarse hasta adquirir un enorme carácter desagradable si no tuviéramos la flexibilidad para neutralizarlas.

Hay más de treinta rasgos individuales que cuando se combinan y se aplican, tienen como resultado una personalidad agradable. La flexibilidad es esencial en este grupo de rasgos, ya que sin ella nadie puede estar en armonía con los demás en todo momento y en toda circunstancia.

A lo largo de los veinte años de trabajo que dediqué a la investigación para organizar mi filosofía del éxito, estaba yo destinado a aprender algo sobre la importancia de la flexibilidad. En muchas ocasiones necesito flexibilidad para adaptarme a la necesidad de dinero. Y la necesité para convencer a los más de quinientos hombres de negocios e industriales que colaboraron conmigo en la creación de esta filosofía, que el tiempo que dedicaran a ayudarme estaba bien empleado.

La flexibilidad es la respuesta a casi cualquier circunstancia desagradable con la que nos topamos, y la mejor forma en que podemos utilizarla durante estas emergencias es recordando que cada adversidad lleva consigo *la semilla de un beneficio equivalente.* Puedes determinar perfectamente si tienes o no flexibilidad cuando sufres una adversidad. Si la tienes, de inmediato empezarás a buscar esa "semilla de un beneficio equivalente" en lugar de permitir que el miedo, la autocompasión, la ansiedad o el resentimiento te hagan perder el equilibrio.

Para permanecer flexible en la primera etapa de la Depresión que empezó en 1929, escribí libros. No tenía planeado publicarlos, sólo los escribí para conservar mi flexibilidad. Sin embargo, tres de mis amigos se adaptaron a las circunstancias en otra forma. Uno de ellos saltó de un edificio, otro se suicidó de un disparo, y el tercero "resolvió" su problema con una sobredosis de veneno. Mis pérdidas financieras a causa de la depresión fueron tan grandes como las de cualquiera de mis tres amigos, pero yo tenía un recurso que ellos, por desgracia, no poseían.

Algo que he aprendido de las experiencias de la vida destaca en mi mente por encima de todo lo demás como una gran bendición. He aprendido que ninguna experiencia y ninguna pérdida material son importantes para nadie mientras permanezca en contacto con la Inteligencia Infinita y conserve suficiente fe en sí mismo para que esta fuente Divina de poder lo guíe. Esto también es flexibilidad aplicada, y a menudo contiene pruebas convincentes de que las experiencias que a veces consideramos como adversidades irreparables resultan ser, a cambio, bendiciones. Pues es cierto que un Creador lleno de sabiduría ha dispuesto que nadie experimente una pérdida de ninguna naturaleza sin tener el potencial de una ganancia equivalente en una u otra forma.

La flexibilidad nos da capacidad para reconocer que la mente puede *lograr* todo aquello que la mente puede *concebir* y *creer*. Y también nos da sabiduría para reconocer que el TIEMPO es el gran sanador universal que puede curar la mayoría de las desilusiones y frustraciones humanas, y nos da el valor para reconocer que a partir de nuestra lucha brota una fuerza física y espiritual.

Fuente: ***Éxito ilimitado.*** Septiembre de 1955, No. VII, páginas 8, 9, 10 y 11.

TAN BUENO COMO EL ORO 8

Él recordó sus días en el ejército, cuando marchaba siguiendo las órdenes de: "cabeza en alto, hombros hacia atrás, pecho fuera, estómago dentro, si mides dos metros, marcha como si midieras dos metros y tres centímetros". Recordó. Empezó a caminar erguido. En realidad vivía en la parte trasera de su coche. Nada había cambiado. Excepto que su tartamudez había desaparecido. Es increíble lo que puede hacer un toque de confianza imaginaria.

—Michael Johnson

Los tiempos difíciles pueden poner a prueba el alma de los hombres. Vivir una existencia cotidiana sin tener una red que nos apoye puede ponernos al borde precario del desastre. Tanto Napoleón Hill como nuestro columnista huésped, Michael Johnson, han experimentado reveses de fortuna. Pero lo más importante es que transformaron esos reveses en resurgimientos victoriosos. Muchas personas están familiarizadas con el refrán: "Cuando el trayecto se vuelve rudo, la gente ruda se pone en marcha". Esta pequeña frase, al igual que la Fórmula para la Confianza en Sí Mismo de Napoleón Hill, nos recuerda que debemos realizar diariamente acciones positivas si tenemos la esperanza de lograr que la tendencia de los sucesos nos favorezca.

Las facturas pendientes de pago, las condiciones de trabajo, las condiciones de la vida e incluso el clima, pueden amargar hasta a la persona más sonriente. Podrías preguntarte si valdría la pena revertir tu ceño fruncido y convertirlo en una sonrisa. Invariablemente vale la pena. Resulta que ese es el primer paso para ser capaz de recuperarse. No darse por vencido, nunca aceptar la derrota y no permitir que nadie diga que eres un cobarde, son las características de un triunfador. Los triunfadores no son derrotados en el juego de la vida. Son las personas que establecen metas a largo plazo con persistencia, con determinación y con el deseo de llegar hasta el final aunque sea necesario recorrer un terreno pedregoso.

En el artículo de esta semana, el Dr. Hill te da la fórmula que aparece a continuación. Es la formula para desarrollar la confianza en ti mismo. Lee este artículo con un bolígrafo en la mano y con un cuaderno cerca. Si notas algo que se relaciona contigo, anota tus pensamientos. Cuando termines, podrías descubrir exactamente por qué todavía no estás en el camino de los triunfadores. Ahora que conoces el camino, ¿por qué no seguirlo? Serás mejor si lo haces. Sólo considera la alternativa.

Cómo desarrollar la confianza en uno mismo

por Napoleón Hill

"Menospreciarte es una ofensa a tu Creador"

La persona más grandiosa del mundo es la que está leyendo este enunciado. Si no reconoces esta verdad, entonces deberías empezar a seguir estas instrucciones de inmediato:

- Adopta un Propósito Primordial Definido y empieza a alcanzarlo desde donde estás en este momento.
- Escribe una descripción exacta de lo que supones son las ventajas de tu Propósito Primordial Definido, y recuérdalas muchas veces todos los días, en la forma de una oración pidiendo alcanzarlas.
- Si tu Propósito Primordial es alcanzar algo material como el dinero, visualízate como si ya lo tuvieras, cuando lo recuerdes conscientemente.

- Relaciónate con tantas personas como te sea posible que simpaticen contigo y con tu propósito primordial, y pídeles que te den ánimo y fe en todas las formas posibles.

- No permitas que pase un solo día sin dar al menos un paso hacia el logro de tu Propósito Primordial Definido, y recuerda que nada que valga la pena se logra sin ACCIÓN, ACCIÓN, ACCIÓN.

- Escoge a una persona próspera y que tenga confianza en sí misma como tu asesora y decide que no sólo vas a alcanzar el nivel que ella tiene, *sino que lo vas a superar.*

- Cuando te enfrentes a la derrota, cuando los obstáculos se interpongan en tu camino y sea difícil avanzar, no te des por vencido, invierte más fuerza de voluntad y sigue adelante con persistencia.

- Cultiva el hábito de nunca huir de circunstancias desagradables, aprende a transformarlas en una inspiración para el logro de tus deseos.

- Y recuerda que el AMOR y el Odio tuvieron una pelea. El odio creó un anillo a su alrededor que dejó fuera al AMOR, pero el Amor se puso a trabajar con una enorme sonrisa y *forjó un anillo más grande que abarcó al odio y a su pequeño anillo.*

- Por último, reconoce la verdad de que todo lo que vale la pena tener tiene un precio que uno debe pagar para obtenerlo. El precio de la confianza en uno mismo es la vigilancia eterna para seguir estas instrucciones. Tu lema debe ser la PERSISTENCIA.

Y recuerda que si te menosprecias por no tener confianza en ti mismo, expresas ingratitud a tu Creador, quien te ha otorgado el privilegio único de dominar y usar tu propia mente para determinar tu propio destino en la tierra.

Fuente: ***Éxito ilimitado.***

TAN BUENO COMO EL ORO 9

La situación económica actual representa una oportunidad; no hay un mejor momento para invertir en nuestro futuro, en nuestros hijos y en nuestros estudiantes.

—Dr. Frank Frey

¿Cómo te calificas en lo relacionado con una Actitud Mental Positiva? El 5 sería excelente y el 1 sería inexistente, ¿dónde te ubicas en cuanto a la continuidad del éxito con una "actitud mental correcta"? Considera por un momento que esta autoevaluación diaria podría ser el aspecto más importante de la higiene mental que necesitas para una renovación diaria de tu sistema personal de creencias. Nos bañamos, nos peinamos, nos cepillamos los dientes, y hacemos muchas otras cosas como un ritual, pero cuando se trata de un escrutinio mental, a menudo nos volvemos descuidados.

Conozco personas que no sólo han memorizado la fórmula para la confianza en sí mismo del Dr. Hill, sino que la han pegado en el espejo de su baño para que al estarse arreglando externamente para el día que empieza, también recitan la fórmula y en esa forma se preparan física y mentalmente mediante esta afirmación positiva. La mañana es un buen momento para recitar afirmaciones, frases que nos motiven o que pongan en marcha pensamientos positivos los cuales llegan a lo profundo de nuestra psique cuando nos estamos preparando para enfrentar el día. Un día que se empieza en forma positiva nos ayuda a predecir que los resultados de ese día también tendrán consecuencias positivas. De manera similar, un día que se inicia pensando en temas tensos o preocupantes predispone a la persona a más preocupaciones y tensiones a lo largo del resto del día. La diferencia entre estas dos actitudes es la forma en que determinas el estándar para tu día, para tu momento en el tiempo de este planeta. Sólo tú puedes dar color a tu mundo en forma positiva o negativa.

¿Por qué es importante todo esto? Es importante porque para llegar a ser un participante activo en la Filosofía del Éxito, primero tienes que poseer la actitud mental adecuada que te llevará a utilizar el resto de los principios para lograr lo que deseas. Si personas como Thomas Edison, Henry Ford, Helen Keller, los Hermanos Wright, Andrew Carnegie, Napoleón Hill y W. Clement Stone no hubieran tenido una actitud mental positiva firmemente establecida, no habrían logrado algo que hubiera tenido consecuencias permanentes.

Con la apertura y la receptividad de una Actitud Mental Positiva firmemente establecida, tocas a la puerta de la Inteligencia Infinita y recibes respuesta, porque esperabas recibirla. Tus expectativas de éxito hacen posible que el Universo te proporcione ese éxito en el momento adecuado después de que tú hayas llevado a cabo acciones apropiadas para atraer a tu mundo aquello que deseas. Considera por un momento cómo es que un pensamiento se transforma en un objeto, y cómo un pensamiento cargado de emoción se convierte en un objeto mucho más rápido.

Ahora recuerda una ocasión en que deseabas algo desesperadamente y recuerda cómo respaldaste ese deseo con una intención positiva y una buena actitud, seguidas de las acciones apropiadas. Muy a menudo, el objeto de nuestro deseo se presenta con rapidez ya que conocemos el código o la fórmula para llevar a cabo las cosas.

No es un secreto. Es una fórmula para el éxito que se compone de actitud, intención y trabajo arduo. Ponla a prueba y observa. ¡Funcionará siempre si la pones en acción!

El poder de una actitud mental positiva

por Napoleón Hill

"Tu Actitud Mental habla con más fuerza que tus palabras".

Una actitud mental positiva es la primera de las doce riquezas, y es el medio por el cual podrías beneficiarte del poder mágico de la FE.

Thomas A. Edison CREYÓ que podía perfeccionar el foco eléctrico incandescente, a pesar de haber fracasado más de diez mil veces antes de poder lograr que su deseo llegara a ser realidad.

Marconi CREYÓ que se podía hacer que el éter transportara las vibraciones del sonido sin el uso de cables y continuó trabajando, a pesar de muchos fracasos, hasta que recibió la recompensa de la victoria.

Colón CREYÓ que encontraría tierra en un océano inexplorado y siguió navegando sin cesar, a pesar de la amenaza de motín por parte de sus marineros, hasta que encontró tierra.

Madam Schuman-Heink CREYÓ que llegaría a ser una gran cantante, aunque su primer maestro le aconsejó que regresara a su máquina de coser y se conformara con ser modista. Su fe la premió con el éxito.

Helen Keller CREYÓ que aprendería a hablar aunque había perdido el uso del habla, del oído y de la vista, y vivió para ver que esa fe le ofreció el privilegio de servir como una gran inspiración para los minusválidos de todo el mundo.

Henry Ford CREYÓ que podría construir un coche no tirado por caballos que ofreciera transporte rápido a bajo costo, y a pesar de que lo llamaron "loco" y del escepticismo de muchas personas, le dio la vuelta al mundo con el coche que fue el producto de su fe.

Andrew Carnegie CREYÓ que yo podría organizar una filosofía del éxito basada en su "pericia" y en la de otros hombres de éxito, y su fe, transferida a mi mente, le dio al mundo la Ciencia del Éxito que ha beneficiado a un gran número de personas alrededor del mundo.

El gran Estilo de Vida Americano y el inigualable sistema de la Empresa Libre, son productos de la mente de hombres que CREYERON en este sistema de gobierno y de economía.

Los CREYENTES son los precursores de la civilización, son los que crean Imperios, los que revelan los grandes beneficios que el Creador de todas las cosas pone a nuestro alcance.

Fuente: ***Éxito ilimitado.***

TAN BUENO COMO EL ORO 10

La comunicación es como un baile, en el que guiamos y nos dejamos guiar, damos y recibimos, hablamos y escuchamos, creamos y aceptamos.

—Niurka

La Casa Abierta anual del Centro Mundial de Aprendizaje Napoleón Hill en la Universidad Purdue Calumet por lo general se lleva a cabo durante las dos primeras semanas de mayo. Todos están invitados. Cuando leas la lista de eventos diarios, estarás de acuerdo en que este evento no podría organizarse sin aplicar el Principio del Trabajo en Equipo. El tema de este año es Autores, Músicos y Artistas que Reflejan las Enseñanzas del Dr. Hill. En mi opinión, la lista de participantes es extraordinaria. En realidad, hay algo para todos los gustos.

Entre los autores tenemos a Andy Bienkowski y Mary Akers (Gratitud Radical), Rich Winograd (Paloma), Chistina Chia (Jardín de la Mente), y el Reverendo Sam Boys (Un Sonido Antiguo para el Momento Presente). Los músicos incluyen a Antonio Castillo de la Gala (Pianista), Michael Telapary (Flautista), y el Reverendo Sam Boys (que toca el Didjeridu o diyiridú, un instrumento de viento ancestral utilizado por los aborígenes de Australia. Básicamente es un tubo de madera, el cual se hace sonar al hacer vibrar los labios en el interior). Los artistas incluyen a Michael Telapary (Artista y Diseñador Gráfico) y Chino Martínez (Creador de Laberintos). Se presentará un concierto a beneficio del Fondo de Becas Chancellor, en la Universidad Purdue Calumet, el martes por la noche. El 5 de mayo se presentarán selecciones interpretadas por Antonio, Michael y Sam. Después, el miércoles habrá un taller práctico de diyiridú que durará todo el día para los estudiantes de la banda de la Calumet High School; el público está invitado a participar. Finalmente, el jueves 7 de mayo la Casa Abierta culminará asistiendo a la presentación de "Crazy for You" una nueva obra musical que presenta las obras de Gershwin.

Y además de todos estos eventos habrá muchas otras oportunidades de asistir a presentaciones gratuitas, actividades en la red, una visita a la Biblioteca W. Clement Stone, y oportunidades para aprender más sobre la Actitud Mental Positiva, la Filosofía del Éxito, como la escribió el Dr. Hill.

¿Por qué no piensas en la posibilidad de unirte a nosotros y empezar a avanzar por el sendero del éxito con un poco de ayuda de tus amigos? Nuestro propósito es educar a cualquier persona que esté interesada en mejorar dándole a conocer la Filosofía de la Ciencia del Éxito del Dr. Hill. ¿No crees que ha llegado el momento de invertir en tu recurso más valioso que eres tú?

Trabajo en equipo

por Napoleón Hill

La cooperación armoniosa es un recurso invaluable que puedes adquirir en la medida en que te entregas.

La cooperación, como el amor y la amistad, es algo que recibes cuando lo das. Hay muchos viajeros en el camino que lleva a la felicidad. Necesitarás su cooperación, y ellos necesitarán la tuya.

Y habrá otras generaciones después de la nuestra. Su destino en la vida dependerá en gran medida de la herencia que les dejemos. Debemos llegar a ser constructores de puentes, no sólo para la generación actual sino para las generaciones que aún no han nacido. Y debemos construir para ellos con el espíritu del anciano sobre el que escribió el poeta:

Un anciano, que viajaba por una calzada solitaria,
llegó por la noche, frío y agotado,
a un abismo ancho y profundo.
El anciano lo cruzó en medio de la penumbra,
al ponerse el sol, pues el hosco río no le causaba temor.
Pero cuando llegó al otro lado se dio la vuelta
y construyó un puente sobre la corriente del río.
"Anciano", gritó un colega peregrino que estaba cerca,
"estás desperdiciando tu fuerza construyendo ese puente aquí.
Tu viaje terminará al terminar el día,
y nunca volverás a pasar por aquí.
Has cruzado el abismo ancho y profundo.
¿Por qué construir un puente al anochecer?".
Y el constructor del puente elevó su canosa cabeza:
"Buen amigo, en el sendero que yo seguí", dijo,
"venía hoy tras de mí un joven
cuyos pies deben llegar aquí.
Este río que no ha sido una amenaza para mí
podría ser un peligro para ese joven de cabello rubio.
Él también deberá cruzarlo en la penumbra.
Buen amigo, estoy construyendo este puente para él".

Este espíritu generoso de trabajo en equipo proporcionará más beneficios a esta generación, y ayudará a quienes vendrán después. Así, al servir como constructores de puentes nos estaremos preparando para las cosas buenas de la vida que sólo podrán llegar mediante la cooperación amistosa. Si usas esta filosofía para tu beneficio personal, recuerda que les debes algo a quienes vendrán después de ti. Recuerda construir también para ellos.

Fuente: ***Actitud mental positiva la ciencia del éxito:*** Edición Educativa. Páginas 354, 355 y 356.

TAN BUENO COMO EL ORO 11

Pero como sabiamente se dice: "El maestro sólo aparece cuando el estudiante está listo".

—Gloria Belendez Ramírez

Cuando era yo maestra de inglés en una escuela preparatoria, tenía un estudiante cuya madre me dio una taza para café con las siguientes palabras:

Cada día es un nuevo inicio…
otra oportunidad
para aprender más sobre nosotros mismos,
para preocuparnos más por otros,
para reírnos más,
para lograr más de lo que pensábamos que podríamos,
para ser más de lo que éramos antes.

(Autor desconocido)

De todos los regalos que me dieron durante el tiempo que trabajé como maestra, este sigue significando más para mí porque lo respalda una historia. Es el sentimiento y no el regalo lo que hace especial a esta taza.

La madre de este estudiante trabajaba en la cafetería de los maestros en la escuela donde yo trabajaba, pero yo nunca la relacioné con uno de mis alumnos porque sólo la conocía por su nombre de pila. Un día, mientras esperaba yo en la fila de la cafetería, estaba alabando el trabajo de un estudiante y dije que aunque estaba tomando el curso por segunda vez durante el verano para graduarse en la fecha indicada, su trabajo era excepcional.

Dije que yo dudaba que careciera de talento o de iniciativa para hacer el trabajo. Tal vez antes no había tenido motivación, pero ahora su motivación y su trabajo eran lo mejor de la clase.

Mientras hablaba sin parar, sabía que estaba alabando a este muchacho, pero eso no tenía nada de malo porque todos éramos colegas y nos interesaba el desempeño de nuestros estudiantes. Dije que sólo me preocupaba un poco el hecho de que hacía varias semanas el consejero de este estudiante me advirtió que él sólo me causaría dificultades en la clase, y que al final sería un fracaso. Supongo que ahora estaba yo cantando sus alabanzas porque había sucedido exactamente lo contrario, y él era uno de los estudiantes que más participaban y contribuían en la clase. Lo cierto es que yo estaba muy contenta de que él estuviera en mi clase y de que las predicciones del consejero nunca se cumplieran. Sentía yo alivio y estaba agradecida con el muchacho por trabajar tan diligentemente.

Cuando me acerqué a la caja para pagar, la mujer que recibió mi dinero sólo me dijo: "Gracias". De alguna manera, yo sabía que no me estaba dando las gracias por el dinero que había yo pagado, así que le pregunté: "¿De qué?". Ella simplemente me miró y dijo: "Michael es mi hijo y usted es la primera maestra que ha dicho algo bueno sobre él". Me quedé atónita. Le dije que yo no lo sabía. Tartamudee un poco y repetí rápidamente que él era eficiente en la clase, que no causaba problemas y que estaba sacando buenas calificaciones. Una vez más, justifiqué su buen desempeño, y ella sólo me escuchó y lo disfrutó todo, como lo habría hecho cualquier madre orgullosa.

En forma significativa, sentí que ella había tenido una victoria ese día frente al consejero y a otros maestros en el comedor. Cuando terminé de defender a Michael, ella me dijo que Michael estaba trabajando bien porque se esperaba que él tuviera un buen desempeño en mi clase. Otros no habían tenido grandes expectativas para él, por lo tanto, él había optado por hacer poco, no hacer nada o causar problemas.

Así que, como puedes ver, la maestra aprendió mucho de su alumno y también de la madre que estaba detrás del alumno. Ella sabía que las expectativas positivas llevan a un desempeño positivo. Y después ella me dio la taza para que recordara que cada día es un nuevo principio, no sólo para nosotros, sino para las personas con quienes nos encontramos. En esta sociedad derrochadora, es importante identificar y alabar abiertamente una joya oculta que para otros tal vez parezca ser basura. La diferencia vive por siempre en la vida de la persona que desenterró la joya y también en la persona que se da cuenta de que la joya del talento está en su interior y que sólo tiene que pulirla y perfeccionarla.

Por eso conservo la taza. Nunca quiero olvidar la lección o el estudiante que me la enseñó. Cuando se descubre un talento oculto, todo el mundo es mejor debido a eso.

La diferencia entre desear y creer

por Napoleón Hill

La mayoría de las personas nunca descubren la diferencia entre desear y creer; y tampoco reconocen que hay seis pasos que las personas normalmente siguen al usar el poder de su mente para lograr sus deseos. Estos son esos pasos:

> **Primero:** la gran mayoría de las personas pasan por la vida sólo *deseando* cosas. Se calcula que el porcentaje de personas que no van más allá de *desear* llega al 70 por ciento.
>
> **Segundo:** Un porcentaje mucho menor de personas logra que sus deseos se conviertan en aspiraciones. Se calcula que es el 10 por ciento.

Tercero: Un número aún más pequeño de personas logra que sus deseos y aspiraciones se conviertan en *esperanzas*. Se calcula que son el 8 por ciento.

Cuarto: Un número aún más pequeño de personas llevan el poder de su mente transformándolo en una *creencia*. Se calcula que son el 6 por ciento.

Quinto: Y un número aún más pequeño de personas cristalizan sus deseos, aspiraciones y esperanzas transformándolas en creencias, y luego en un *deseo ardiente*, y finalmente en *fe*. Se calcula que son el 4 por ciento.

Sexto: Y al final, un porcentaje muy pequeño de personas da los dos últimos pasos, poniendo *su fe en acción al (1) planificar y (2) actuar para llevar a cabo sus planes*. Se calcula que sólo son el 2 por ciento.

Los líderes destacados en todos los campos de la vida son los que están en el sexto grupo. Reconocen el poder de su propia mente, toman posesión de ese poder y lo dirigen a los propósitos que ellos eligen. Para estas personas la palabra *imposible* no significa nada. Para ellas, *todo* lo que desean o necesitan es *posible*, y se las arreglan para conseguirlo. La única característica que los distingue de la mayoría de las otras personas que aceptan el fracaso como su destino, es que reconocen y usan su poder mental para el logro de las circunstancias y las cosas que desean, mientras que otros no pueden hacerlo.

Fuente: ***Actitud Mental Positiva la Ciencia del Éxito.*** Páginas 232 y 233.

TAN BUENO COMO EL ORO 12

Los lazos que atan también pueden ser lazos que ciegan. Mantente amando y siendo optimista, pero mantén los ojos muy abiertos aunque tengas tratos con las personas más cercanas a ti.

—Eleizer A. Alperstein

A medida que cada uno de nosotros asciende por la escalera del éxito, sólo es cuestión de tiempo para que tropecemos y perdamos uno o dos peldaños. En ese preciso momento, o nos estabilizamos evitando una terrible caída o perdemos el equilibrio. La vida también es así. Las cosas podrían ir avanzando en la dirección correcta, y luego, sin previo aviso, sucede algo que trastorna nuestro equilibrio o nuestra seguridad en la vida. Puede ser algo tan sencillo como tener dificultades para llegar a tiempo al trabajo, o tan impactante como la muerte de un ser querido. Cada suceso contribuye, de hecho, a nuestro nivel de estrés, y por lo tanto produce un impacto en nuestro desempeño general. Cuando ocurren estas desgracias, ¿cómo se recupera una persona y sigue teniendo un desempeño de alto nivel?

Napoleón Hill respondería a esta pregunta diciéndoles a todos que nunca deben olvidar su actitud mental positiva. Tener una actitud positiva es una buena garantía de que te recuperarás de la adversidad y no te retirarás del terreno que ya hayas conquistado. Con una actitud mental positiva, condicionas tu mente para el éxito, incluso en lo más profundo de la desesperación. Yo siempre recuerdo la frase de W. Clement Stone: "Dios siempre es un Dios bueno". Incluso cuando perdió a sus dos hijos mayores, Stone nunca renegó de Dios exigiéndole saber qué había pasado. Por el contrario, él continuó afirmando que la naturaleza de Dios era la bondad, y por lo tanto el Creador no tenía la intención de causar ningún daño. Stone sabía que esto era verdad y su fe incuestionable le demostró al mundo el poder de una actitud mental positiva.

El que una persona esté dispuesta a ver el aspecto brillante de la vida incluso cuando está enfrentando dificultades, no significa que sea débil o ingenua. Por el contrario, esta inclinación a pronosticar cosas buenas aunque uno esté teniendo experiencias negativas, hace resaltar el valor del optimismo. Esperar bondades nos condiciona para la bondad y hace que la busquemos. Por desgracia, lo opuesto también es cierto. Napoleón Hill afirma: "Eres lo que eres debido a tus hábitos de pensamiento". El pensamiento, al igual que la acción, puede ser un hábito. ¿Tienes el hábito de tener pensamientos positivos o negativos? ¿Es tu hábito de pensamiento algo que deberías cultivar o algo a lo que deberías renunciar? Claro que eres libre para elegir, tal y como lo eres cuando se trata de otros hábitos. Y al elegirlos, estamos determinando nuestro destino. Hazte esta pregunta: "¿Qué futuro pronostican mis pensamientos?". Sólo tú puedes predecir ese resultado. Si como dicen, todo está en las cartas, es obvio que la actitud que elijas baraja las cartas a tu favor o en tu contra.

La actitud mental de un hombre
por Napoleón Hill

La actitud mental de un hombre en lo relacionado con la derrota es el factor más importante para determinar si la marea de la fortuna lo lleva por el lado del éxito en el Río de la Vida o si circunstancias desafortunadas lo llevan por el lado del fracaso.

Las circunstancias que separan el fracaso del éxito a menudo son tan leves que su verdadera causa se pasa por alto. A menudo sólo existen en la actitud mental con la que uno enfrenta una derrota temporal. El hombre que tiene una actitud mental positiva reacciona ante la derrota con un espíritu de determinación que lo lleva a no aceptarla. El hombre que tiene una actitud mental negativa, reacciona ante la derrota con un espíritu de aceptación carente de esperanza.

El hombre que conserva una actitud mental positiva puede tener en la vida cualquier cosa que su corazón anhele, siempre y cuando eso no esté en conflicto con las leyes de Dios y los derechos de sus semejantes. Es probable que experimente muchas derrotas, pero no se rendirá ante la derrota. La transformará en un escalón para elevarse a niveles de logro cada vez más altos.

El tema de la actitud mental positiva es tan importante que no sólo tiene el primer lugar en la lista de las doce riquezas de la vida, sino que se le tuvo que incluir como un aspecto importante del principio de la personalidad agradable, y se ha mencionado prácticamente en todos los principios que son parte de este curso.

Una actitud mental positiva es parte esencial de la llave que abre la puerta a la solución de todos los problemas personales. La cualidad mágica de esta llave hace que sea posible atraer al éxito en la misma forma en que un electroimán atrae limaduras de hierro.

Todo el secreto de la fórmula con la que puedes transformar la derrota en un recurso valioso, yace en tu capacidad para conservar una actitud mental positiva a pesar de la derrota.

Esta no es una regla diseñada por el hombre. Es parte de los fenómenos imponderables de la naturaleza, a través de los cuales se le ha otorgado al hombre el privilegio de recurrir al poder que se conoce como fe. ¡La fe y una actitud mental positiva son hermanas gemelas! Donde se encuentra una, también estará la otra. Son inseparables. La fe es un poder que la ciencia no es capaz de analizar, pero es el poder más grande que está al alcance de la humanidad.

Y su cualidad más extraña yace en el hecho de que es gratuita, está al alcance de la persona más humilde y de la persona más encumbrada. Reconoce esta verdad y estarás en camino hacia la maravillosa finca conocida como Valle Feliz.

Fuente: ***Actitud mental positiva la ciencia del éxito.*** Páginas 396 y 397.

TAN BUENO COMO EL ORO 13

Una meta hará que te levantes temprano, que trates de alcanzarla con pasión, que busques otras soluciones cuando se presentan obstáculos y que busques la ayuda de otros para alcanzar tu meta.

—Don M. Green

En esta época del año, recuerdo que Emerson dijo que la sonrisa de la tierra son las flores. ¡Qué hermosa imagen poética de la primavera! El renacer de la tierra durante esta estación hace que uno se detenga y se pregunte de dónde viene toda esta belleza después del frío y de los meses congelados del invierno. En uno de los primeros poemas de Dylan Thomas, él habla de una esencia espiritual que contiene la belleza que brota de una tierra que parece estar muerta, diciendo: "La fuerza que impulsa a las flores a través del verdor". Sin duda esta fuerza es la Inteligencia Infinita a la que el Dr. Hill se refiere continuamente en sus enseñanzas. Así como se revela en la tierra, esta es la fuerza que nos creó. Recuerda que somos parte de la naturaleza en la que nos encontramos, no estamos apartados de ella.

Al considerar la forma en que los seres humanos logran los resultados que desean, el Dr. Hill nos recuerda que siempre nos conviene alinear nuestras metas con las leyes de la naturaleza. Nos recuerda que estamos en un sistema creado por la Inteligencia Infinita. Este plan de diseño es el Manual de Operaciones para el Universo y si queremos tener éxito, siempre debemos seguir ese código, o en otras palabras, debemos permanecer en sincronía con las leyes de la naturaleza.

Napoleón Hill afirma: "La naturaleza revela sus secretos más profundos al hombre que ha decidido descubrirlos". Este gentil recordatorio del hecho de que la persistencia es la clave para resolver los misterios del Universo, nos hace regresar a la idea de que una Fuerza o un Espíritu son responsables de nuestra existencia en el mundo en que vivimos. Por lo tanto, es perfectamente lógico alinearnos con las leyes naturales del Universo cuando estamos tratando de alcanzar algo.

Al establecer metas que estén de acuerdo con las leyes naturales y con la fuerza creativa que hace posible que nazca una flor, estamos trabajando dentro del orden natural de las cosas. Para algunas personas, esta alineación nunca ocurre porque creen que están exentas de las reglas del orden. Sus metas se desvanecerán pronto o nunca darán fruto porque no siguen el sendero establecido.

A medida que aprendes a establecer y lograr metas funcionales, sabrás que es más fácil hacerlo si alineas tus metas con tu propósito primordial definido y con los talentos correspondientes. Haz un inventario detallado de tus recursos para estar seguro de que posees las destrezas y capacidades esenciales que corresponden al ámbito de crecimiento personal que deseas. Esto no significa que todo tiene que estar en su lugar antes de que empieces, sólo los componentes básicos. Después, debes ponerte a trabajar y hacer todo lo que tienes que hacer para que tu meta se manifieste como una realidad, mediante una acción persistente acompañada de una fe vigorosa en un resultado positivo. Estos son buenos cimientos sobre los que se puede construir. Ahora lee las sugerencias que el Dr. Hill te da a continuación para que vivas tu propósito ascendiendo poco a poco por la escalera del éxito, y alcanzando una meta a la vez.

Una lección de la naturaleza

por Napoleón Hill

Todos los seres, animados e inanimados, empiezan como un núcleo; un trocito de energía en movimiento que aunque es tan pequeña que desafía la lente de un microscopio, tiene el poder de atraer cualquier cosa de naturaleza similar a la suya que necesite para sostenerse y crecer.

Recuerda la bellota y el puñado de tierra. Encerrado en la bellota está el germen de la vida, el núcleo que tiene la capacidad de tomar de los elementos de su entorno, de la tierra, el aire, el agua y la luz solar, el material que necesita para construir un roble.

Toma una semilla de maíz o de trigo; siémbrala en la tierra y creará un centro de actividad que atrae de su entorno el equilibrio perfecto de sustancias químicas que producirán un tallo de maíz o de trigo, lo que logrará la reproducción de esa semilla, de acuerdo con las leyes del crecimiento y del incremento en los rendimientos.

Estas analogías nos ayudan a tener una imagen real del poder de la mente a través de la autosugestión. Puedes ver cómo es posible sembrar una semilla del deseo con la mente subconsciente, expresando y repitiendo conscientemente este deseo... para alimentar y nutrir esta semilla con el estímulo de emociones de alto nivel... para hacerla germinar con la luz solar de la fe, atrayendo hacia ti, del generoso abasto de energía vital que hay en la Inteligencia Infinita, los planes prácticos con los que la semilla original del deseo pueda desarrollarse y convertirse en su equivalente físico.

La ley de la atracción se basa en el principio del crecimiento, a partir de la vitalidad que se le ha heredado a la semilla (idea o deseo) en sí. Cada semilla contiene potencialmente una planta perfecta. Cada deseo valioso contiene el poder potencial para su realización perfecta. Si una semilla va a germinar y a producir una cosecha de semillas similares, debe sembrarse en tierra fértil, se le debe nutrir y debe tener luz solar para estar lista para la cosecha.

Tu mente subconsciente puede compararse con un área fértil en la que podrá sembrarse la semilla de tu propósito primordial definido mediante un deseo ardiente que imparte su energía inicial al núcleo de tu propósito definido y hace que crezca y se desarrolle. Ahora ya hemos explicado cómo la semilla puede nutrirse y cultivarse mediante acción persistente, de acuerdo con tus planes y a través de instrucciones que se le repiten una y otra vez a tu subconsciente. También se ha explicado cómo puedes atraer la influencia revitalizante de la Inteligencia Infinita y concentrarla en el objeto de tus deseos. Aquí se te presenta todo el proceso. Es un proceso que se desarrolla a tu alrededor en incontables seres vivos. No se trata de una teoría. Es un hecho demostrado. Sólo tienes que adaptarlo a tu propio propósito definido.

Fuente: ***Actitud Mental Positiva la Ciencia del Éxito.*** Páginas 106 y 107.

TAN BUENO COMO EL ORO 14

Cuando la mente está libre de escombros, podemos establecer nuestras intenciones y ponernos en marcha mediante acciones decisivas. Esto es el poder de la Presencia.

—Dr. Sam Boys

El poder de concentración nos lleva a la puerta de posibilidades infinitas, pero sólo si nos ponemos en acción para cruzar el umbral y llegar a nuestro futuro. No importa cuánto visualicemos o anticipemos, eso no puede reemplazar a la acción necesaria que es lo que determina los resultados. Atraemos aquello en lo que pensamos durante el día, pero no como por arte de magia, sino a través del esfuerzo, la autodisciplina, el pensamiento de precisión, la atención concentrada y el trabajo sistemático. El trabajo a la antigua da solidez a lo que visualizamos y une el pensamiento con los resultados. Podrías verlo como una continuidad de tiempo que empieza con la semilla de una idea (pensamiento) y termina con un producto tangible gracias a la acción que se emprende (resultado).

He visto cómo una visión que se siembra se apodera de la capacidad consciente de una persona y tiene como resultado un producto que refleja un pensamiento creativo. Hace poco pude observar cómo un sueño se hizo realidad. Yo estaba con el Reverendo Sam Boys cuando él entró al sitio Amazon.com y vio aparecer por primera vez en la pantalla el libro que él acababa de publicar. Ver su libro, *Un sonido antiguo para el momento presente [An Ancient Sound for the Present Moment]* aparecer como el producto de los deseos de su corazón, fue para él un momento imperecedero y valioso. Varios meses antes, Sam dijo que él no había escrito un libro sobre las prácticas de meditación del didjeridu, y yo lo animé para que lo hiciera. Ahora no sólo estaba escrito sino que estaba disponible para que el mundo lo leyera. Él tomó la semilla de la idea, un pensamiento, ¡y decidió hacerlo realidad! Y el resultado es maravilloso. Sam estará actuando en nuestra casa abierta el martes 5 y el miércoles 6 de mayo, tanto para los estudiantes como para personas adultas. ¿No te gustaría venir y ver un sueño hecho realidad?

El artista Michael Telapary y el pianista Antonio Castillo de la Gala también se aferraron a dos pensamientos que también darán fruto en nuestra casa abierta. Michael ha creado una serie de imágenes extraordinarias que corresponden a los 17 Principios del Éxito, y Antonio produjo un CD con piezas de piano que también se relacionan con los 17 Principios del Éxito. Además, mi asistente ejecutivo, Chino Martínez, está trabajando con la idea de producir una publicación con fotografías que representan sus experiencias al crear laberintos alrededor del mundo. ¡Qué gran riqueza de ideas puede brotar sólo de las semillas de pensamiento!

¿Qué tienen que ver contigo todos estos autores, artistas y músicos? Todo. El Dr. Hill asegura que si una persona puede hacerlo, todos podemos hacerlo. Sam, Mike, Antonio y Chino han aceptado los retos y han logrado un resultado extraordinario, ¡y tú también puedes hacerlo! ¿Cuál es tu sueño personal? ¿Qué aspiración le llama con insistencia? ¿Qué es lo que no te deja dormir por la noche y se ha aferrado de tu imaginación creativa? Eso, amigo mío, es tu reto; tu futuro en ciernes. Es la semilla de pensamiento sobre la que dice Napoleón Hill que debes trabajar de inmediato, ya que es un regalo del Universo y lleva tu nombre. ¿Vas a abrir ese regalo y se lo vas a mostrar al mundo? Tu sueño te espera… y el mundo también está esperando.

El poder de la concentración

por Napoleón Hill

La concentración en los proyectos relacionados con nuestros propósitos primordiales proyecta una imagen de ese propósito en la mente consciente y la mantiene ahí hasta que la mente subconsciente la toma y actúa de acuerdo a ella. Esto se conoce como atención controlada.

La atención controlada es la acción de coordinar todas las facultades de la mente y dirigir su poder combinado hacia cierta finalidad. Es una acción que sólo puede llevarse a cabo mediante la autodisciplina más estricta. La atención que no se controla y se dirige, puede ser sólo una curiosidad ociosa. La palabra "controlada" es la clave del poder del pensamiento.

Puedes controlar la atención aplicando los siguientes seis factores con autodisciplina:

a) Un propósito definido es el punto de partida para todo logro.

b) Imaginación, a través de la cual el objeto de nuestro propósito se ilumina y se refleja en la mente con tanta claridad que su naturaleza es inconfundible.

c) Deseo, que se enciende hasta que llega a ser un deseo ardiente que no puede negarse.

d) Fe en el logro final de tu propósito. Esta fe debe ser tan fuerte que ya puedes verte en posesión del objeto de tu propósito primordial definido.

e) Fuerza de voluntad, aplicada continuamente, con toda su fuerza, para apoyar a la fe.

f) La mente subconsciente capta la imagen que los factores anteriores le transmiten y la lleva a su conclusión lógica a través de los medios prácticos que puedan estar disponibles, de acuerdo con la naturaleza de tu propósito.

La concentración eficaz, o la atención concentrada, requiere que tu atención se controle por completo y se dirija al propósito definido. La atención concentrada es la forma más alta de autodisciplina. Por lo tanto, es obvio que todos los principios de esta filosofía que se mencionan antes, se fusionan y se vuelven parte del principio de la atención controlada. Si conoces a fondo estos principios y sigues las instrucciones que se dan en ellos, estás listo para tomar el control de tu poder mental y dirigirlo hacia los fines que desees, con una seguridad razonable de que no fracasarás.

Esta filosofía no tiene la intención de sugerirle a nadie la naturaleza del propósito o del objetivo que él debería desear. El Creador le ha otorgado a cada persona el privilegio de dirigir sus pensamientos y deseos a los fines que él elija. Por lo tanto, la razón y el sentido común nos impulsan a seguir ese ejemplo.

Sin embargo, podemos afirmar, con un énfasis que brota de una gran fe, que la atención controlada nos pone en el camino a encontrar la llave maestra del poder de la mente. Es un método científico para ponerse en contacto con la Inteligencia Infinita y recurrir a ella para satisfacer todas las necesidades humanas. Creemos en estas verdades porque las hemos visto demostradas en una gran variedad de circunstancias. ¡La atención controlada es poder mental organizado!

Cuando se aplica a la oración, la atención controlada te pone en contacto directo con la Fuente de todo poder. Esta es una conclusión ineludible y tiene todo el apoyo de todas las personas que piensan con precisión.

Fuente: ***Actitud mental positiva la ciencia del éxito.*** Edición Educativa. Páginas 332 y 333.

TAN BUENO COMO EL ORO 15

Los buenos pensamientos y las acciones buenas nunca pueden producir malos resultados; los malos pensamientos y las acciones malas nunca pueden producir buenos resultados. Cosecharás lo que siembres. Esta es la Ley de la Naturaleza.

—Christina Chia

Hay un refrán que dice: "Quien siembra vientos, recoge tempestades". Cuando éramos niños no entendíamos que lo que plantamos en la tierra crece en la misma forma que lo que plantamos en nuestra mente subconsciente. ¿Por qué nadie identifica las semillas de pensamiento con las semillas de zinnia o con las semillas de sandía que sembramos en nuestro jardín o en nuestra huerta justo después de la última helada? En cuanto pasa la Navidad, recibimos por correo catálogos de semillas, y nos ilusiona la idea de sembrar los tomates más grandes y la rosa perfecta. Entonces, ¿por qué no podemos soñar y visualizar exactamente lo que también queremos cultivar en nuestro Jardín Mental? En realidad no es tan difícil. A través de la visualización, de la creación de un plan, y luego llevando a cabo las acciones correspondientes que se requieren, podemos materializar lo que una vez cuidamos como una semilla de pensamiento en el jardín secreto de nuestra mente subconsciente.

Esta semana, Christina Chia presentará su más reciente libro, *Jardín de la mente [Mind Garden]* en nuestra Casa Abierta anual. Su libro es una hermosa compilación de coloridas fotos de auténticos jardines llenos de flores que reflejan la belleza de los pensamientos más elevados de una persona. Christina presenta, en forma convincente, la idea de que una semilla de pensamiento que germina, crece y madura, tendrá como resultado algo hermoso que se puede cosechar. Los sueños pueden hacerse realidad, y se hacen realidad, si aprendemos a cimentarlos en el aquí y en el ahora.

¿Por qué no compartir esta idea con un niño o niña? Si los niños pueden memorizar y recitar canciones infantiles y recordarlas a lo largo de la vida, pueden aprender fácilmente a programar su mente subconsciente para el éxito usando las mismas herramientas de la memoria. Las afirmaciones, las fórmulas para tener confianza en uno mismo, los planes de acción y órdenes como "¡Hazlo ahora!", ayudan a las personas que están convencidas de que estas técnicas predisponen a los resultados positivos.

Comparte estos secretos con los jóvenes que están listos para iniciar el jardín de su vida. Puedes ser el maestro jardinero que establece la visión de un resultado positivo en la vida simplemente usando la metáfora del jardín. La vida puede ser un jardín. La vida comenzó en un jardín. ¿Por qué no mostrarle a un niño cómo usar las herramientas que se le han dado para cultivar su jardín exactamente de acuerdo a sus especificaciones? Si siembras ideas, llegarás a ser inmortal. Físicamente no vivirás por siempre, pero tus ideas vivirán por siempre en el corazón y en la mente de quienes vendrán después de ti, y así es como tu vida continúa. Tal vez este sea el momento y el lugar de hacer algo positivo por quienes vendrán después de ti. Es primavera. Siembra un jardín. Mejor siembra dos jardines. Uno en el terreno que tú elijas y otro en la tierra fértil de la mente de una persona joven. Valdrá la pena esperar ambas cosechas.

¿Has plantado malas hierbas en tu jardín?

Por Napoleón Hill

Lograrás llevar a una conclusión natural y lógica cualquier pensamiento que permitas que domine tu mente. Si cosechas el fruto de la pobreza, de la enfermedad y de la falta de armonía, es porque has permitido que las semillas negativas de esos pensamientos penetren en el suelo de tu mente subconsciente. Se han multiplicado y han dado frutos similares a ellas. La ley funciona en forma natural y ordenada, pero por desgracia, plantaste malas hierbas en tu jardín.

Mira los terrenos baldíos que hay en el vecindario, mira los campos que no se han arado. Cada primavera encontrarás en ellos una gran cantidad de malas hierbas fuertes, hermosas y bien desarrolladas. Las semillas de estas malas hierbas llegaron con el viento a estas áreas no cultivadas, echaron raíces y crecieron en forma automática, con la ayuda de la luz solar y la humedad natural. Nadie se ha tomado tiempo para arrancarlas y sembrar plantas más deseables. Y eso es exactamente lo que le pasa a la persona promedio que anda a la deriva y sin rumbo por la vida, sin decidir lo que desea. En la tierra de su subconsciente caen semillas de todo tipo de pensamientos (malas hierbas) debido a las influencias que la persona encuentra en su entorno, y nunca dedica tiempo a separar lo bueno de lo malo, lo deseable de lo indeseable, y eliminar todo lo que no es deseable reemplazándolo con un objetivo definido que la persona anhela con un deseo ardiente. En esa forma, las malas hierbas toman el control, y la persona nunca tiene una cosecha que valga la pena.

Tu mente nunca está ociosa. Funciona todo el tiempo. De ti depende ponerla a trabajar produciendo lo que deseas, y no permitiendo que corra desaforadamente atrayendo cosas que no deseas. Pero aunque hayas tomado la decisión de hacer algo definido, las adversidades seguirán presentándose para impedir que logres el éxito, si pueden hacerlo. Sólo ponen a prueba tu fe. Cuantas más pruebas supere la fe, más fuerte y durable se volverá. Cuando lleguen estas derrotas temporales, acéptalas como una inspiración para hacer un mayor esfuerzo y tener una mayor determinación. Sigue adelante con fe en que tendrás éxito.

Fuente: ***Actitud mental positiva la ciencia del éxito.*** Páginas 108 y 109.

TAN BUENO COMO EL ORO 16

El Sistema del Éxito que Nunca Falla –pensé que era un libro sobre cómo vender seguros y lo puse en el librero de la casa. Se rehusó a quedarse ahí. En el siguiente fin de semana se cayó del librero y lo encontré en el suelo. Cuando lo levanté vi estas palabras: *La mente puede lograr lo que puede concebir y creer… El pensamiento es la fuerza más fantástica del universo… ¡te conviertes en aquello que piensas!*

—John Randolph Price

W. Clement Stone nació hace más de cien años, el 4 de mayo de 1902; sus padres fueron Louis y Anna M. (Gunn) Stone. A los tres años de edad perdió a su padre y creció en un hogar donde él y su madre vivían con familiares. A partir de este principio tan desafortunado, Stone creció y milagrosamente llegó a ser un caballero que nos haría recordar a los protagonistas de las historias de éxito de personas que pasaron "de los harapos a la riqueza" publicadas por Horatio Alger, y que él leyó siendo muy joven. Estas historias le ayudaron a Stone a desarrollar un propósito primordial definido en la vida. Dice: "Lo único que deseo hacer es cambiar al mundo".

Tenía la firme creencia de que él podía lograr sus sueños a partir de sus pensamientos, y sabía que una Actitud Mental Positiva lo llevaría lejos en la vida, aunque en ese tiempo todavía no se había dado un nombre a ese proceso. Trabajó diligentemente para cambiar su situación cambiando sus pensamientos y su pauta de pensamiento.

A los seis años de edad trabajaba como repartidor del periódico ***Examiner*** en la zona sur de Chicago. Se dio cuenta de que si quería ser competitivo en un mercado agresivo, debía tener suficiente persistencia, autodisciplina, valentía y entusiasmo, para forjarse un lugar, antes de poder empezar a competir en un territorio establecido que estaba bajo el dominio de muchachos mayores que él que no sólo eran competitivos, sino crueles.

La vida de Stone es una historia que merece contarse y reconocerse. A lo largo de sus cien años de vida, personificó al individuo que reconoce que el éxito depende de ciertas características que hacen posible que una persona alcance el éxito independientemente de las circunstancias. Desarrolló una fórmula sencilla conocida como R2A2, y esta fórmula para el éxito era una combinación de la información que él había adquirido mediante la lectura y reflexionando en los textos sobre el éxito que tenía a su alcance, y de su aguda intuición y perspicacia. Las letras y los números de esta fórmula representan las palabras: Reconocer, Relacionar, Asimilar y Aplicar. Él consideraba que esta fórmula ponía en marcha el pensamiento y que era una orden que le daba firmeza a nivel personal. Stone la capitalizó en su trabajo diario aprendiendo todo lo que le fuera posible sobre el negocio en que trabajaba entonces. Su existencia se convirtió en una vida de riqueza compartida, mientras luchaba para llegar a ser el hombre ideal sobre el que había leído en su infancia. Se había forjado una imagen de ese hombre basándose en todos los personajes sobre los que leyó en los libros de Horatio Alger.

El primer ejemplo de éxito que tuvo Stone fue su madre, y siempre expresó su agradecimiento a Dios por este don. Su madre fue una madre típica y al mismo tiempo única; trabajaba con ahínco y al mismo tiempo era cariñosa; se concentraba en una vida independiente con su único hijo, pero al mismo tiempo sabía que tenía que trabajar durante muchas horas para alcanzar esa independencia, ya que tenía que lograrla sin ayuda de nadie. Desde sus primeros años, Stone creció en un vecindario pobre de la zona sur de Chicago. Habría sido fácil que se convirtiera en un producto de su entorno, pues las malas compañías y los hábitos negativos pueden establecer pautas de conducta que pueden condicionar a una persona para una vida de fracaso.

Al percibir que su hijo seguía un mal camino y que estaba adquiriendo hábitos como fumar cigarrillos, escaparse de la escuela y juntarse con compañeros que no serían una buena influencia para él en su adolescencia y juventud, la madre de Stone decidió inscribirlo en un internado parroquial en Nauvoo, Illinois, con el fin de proporcionarle un mejor entorno y un estilo de vida más sano. Al asistir a esta escuela y vivir en ella, Stone conoció las cualidades de carácter que adoptó para el resto de su vida. Nos dice: "A medida que las semanas se convirtieron en meses, y los meses en años, desarrollé la ambición secreta de ser como mi padre y pastor espiritual, a quien admiré y amé". La guía por la que Anna Stone había orado con su hijo, le fue concedida. En el Instituto Spaulding, Stone conoció los tres ingredientes del sistema de éxito que nunca falla, y su vida empezó a ascender, pues él reconoció que algo había pasado y que era bueno. En lugar de amargarse porque se le había mandado lejos a un internado, Stone percibió la semilla de una ventaja equivalente a la adversidad temporal de separarse de su madre, y decidió aprovechar la situación al máximo.

La fuerza cósmica del hábito: La ley que fija todos los hábitos

por Napoleón Hill

El hombre es la única criatura viviente que posee un poder de elección con el cual puede establecer sus propias pautas o hábitos de pensamiento y de conducta. También puede eliminarlos y reacomodarlos a voluntad.

Pero aunque el Creador le ha dado al hombre el privilegio de controlar sus pensamientos, también lo ha sometido a la ley de la fuerza cósmica del hábito, según la cual sus hábitos de pensamiento invariablemente deben revestirse de su aspecto y equivalente físicos. La fuerza cósmica del hábito no determina qué pensamientos debe expresar un hombre, sino que se apodera de lo que él piensa y hace, y se encarga de que los pensamientos y acciones del hombre lleguen a hacerse realidad en la medida en que fueron creados.

Si los pensamientos dominantes de un hombre se relacionan con la pobreza, la ley transforma esos pensamientos en realidades físicas de miseria y necesidad. Pero si los pensamientos dominantes de un hombre son de felicidad y contento, de paz mental y riqueza material, la ley los transforma en su contraparte física. El hombre crea el patrón mediante sus pensamientos dominantes, y la ley de la fuerza cósmica del hábito esculpe un modelo siguiendo los patrones que el hombre crea.

Es muy evidente que esta gran ley de la naturaleza no crea algo de la nada. La fuerza cósmica del hábito trabaja en armonía con todas las demás leyes de la naturaleza, como las leyes del movimiento, la gravedad, la electricidad, el magnetismo, la gravitación universal, y otras similares. Pero es más grande que todas ellas o que cualquiera de ellas, ya que es el poder bajo el que todas estas leyes operan.

Cada una de las otras leyes de la naturaleza es una manifestación diferente de la Inteligencia Infinita en acción, que se expresa de acuerdo a los hábitos fijos de acción y de reacción.

El orden metódico del mundo es una prueba de que todas las leyes naturales están bajo el control de un plan universal.

¿Cómo puede la fuerza cósmica del hábito transformar una emoción o un deseo positivo que se crea en la mente del hombre en su equivalente físico? Intensifica esa emoción o deseo hasta que induce el estado mental que se conoce como fe. En este estado, la mente se vuelve receptiva al influjo de la Inteligencia Infinita, de donde brotan planes perfectos que el individuo debe seguir para alcanzar el objetivo que desea. Estos planes siempre se llevan a cabo con medios naturales.

La fuerza cósmica del hábito no transforma directamente los deseos de tener dinero en la moneda del país en que la persona vive, pero activa la imaginación para que le revele al individuo una forma de llevar a cabo esa transformación mediante un procedimiento aceptado. Esta fuerza no hace milagros, no intenta crear algo de la nada. Ayuda, o de hecho impulsa, a la persona que creó un fuerte deseo a hacer realidad sus pensamientos utilizando todos los medios naturales que le sea posible y que están a su alcance.

Fuente: ***Actitud mental positiva la ciencia del éxito.*** Páginas 492 y 493.

TAN BUENO COMO EL ORO 17

Recuerda que, en el mundo de los negocios, si no estás dispuesto a encargarte de tus clientes, siempre habrá alguien que con gusto los atenderá en tu lugar.

—Tony Johnson

Anna Stone era una costurera talentosa, y trabajó para establecerse como modista experta. Aprendió a diseñar, a tomar medidas y a coser para una clientela exclusiva y llegó a tener personas que la admiraban cuando trabajaba en una tienda de ropa de señoras conocida como Dillon, en Chicago. Como ganaba bien, pudo cambiarse a un apartamento propio en un vecindario mejor. Más o menos en esa época, su hijo le pidió que le permitiera regresar a casa y vivir con ella permanentemente. Él ya estaba listo para hacerlo, extrañaba el hogar y estaba seguro de que este nuevo entorno no les plantearía los problemas que habían enfrentado en el vecindario pobre. Ella estuvo de acuerdo y volvieron a ser una familia, después de vivir separados durante más de dos años.

Al reflexionar sobre el tiempo que vivió en el internado, Stone afirma que ahí fue donde desarrolló su inspiración para la acción. Al observar a la comunidad religiosa que cuidaba de su bienestar esforzarse por perfeccionarse y por perfeccionar a otros, se dio cuenta de que este impulso hacia el mejoramiento personal era un esfuerzo que valía la pena y que podía cambiar su vida mejorándola. Entonces razonó que el principio de la inspiración para la acción era la piedra angular de su filosofía de creer en el mejoramiento personal, y justo en ese momento y en ese lugar, utilizó la primera parte de su fórmula R2A2 en sí mismo. Reconoció la importancia de tener la inspiración de ponerse en acción debido a la valiosa meta de mejorar como persona. Al hablar sobre este nuevo descubrimiento, nos dice emocionado: "Los mejores pensamientos que son nuevos son los mejores pensamientos que son antiguos". El Instituto Spaulding le dio a Stone el impulso y la inspiración que necesitaba para reactivar su vida y luego hacer de la vida que se le otorgó su propia y magnífica obsesión.

Después se empezó a concentrar en la segunda parte de su fórmula para el éxito. Stone se dio cuenta de que tenía que amasar la pericia o el conocimiento que le permitiría hacer realidad sus sueños. Al recordar el éxito que había tenido vendiendo periódicos siendo niño a la increíble edad de seis años, recordó lo que había pasado un profético día en el Restaurante Hoelle. Este incidente fue el punto de inicio de toda su carrera y preparó a Stone para una vida de éxito. Así es como él recuerda el incidente:

"Yo tenía seis años y estaba asustado. Vender periódicos en la zona sur de Chicago no era fácil, en especial cuando los niños mayores tomaban las esquinas más transitadas, gritaban más fuerte y me amenazaban con los puños cerrados. El recuerdo de esos días perdidos en el pasado sigue presente en mí, pues fue la primera vez que, según recuerdo, transformé una desventaja en una ventaja. Es una historia sencilla, que ahora no parece importante… y sin embargo fue un inicio.

"El Restaurante Hoelle estaba cerca de la esquina donde yo trataba de trabajar, y tuve una idea. Era un lugar próspero y de mucha actividad que presentaba un aspecto aterrador para un niño de seis años. Yo estaba nervioso, pero entré a toda prisa y tuve la fortuna de hacer una venta en la primera mesa. Después las personas que estaban en la segunda y en la tercera mesas compraron periódicos. Pero cuando me dirigía a la cuarta mesa, el Sr. Hoelle me sacó por la puerta principal.

"Pero ya había yo vendido tres periódicos. Así que cuando el Sr. Hoelle no estaba viendo, volví a entrar y me acerqué a la cuarta mesa. Parece que al jovial cliente le agradaron mis agallas, me pagó el periódico y me dio diez centavos adicionales antes de que el Sr. Hoelle me sacara de nuevo a empujones. Pero yo ya había vendido cuatro periódicos y además había recibido un 'bono' de diez centavos. Una vez más, entré al restaurante y empecé a vender. Se escucharon risas. Los clientes estaban disfrutando la función. Uno de ellos dijo: 'Déjalo ser', cuando el Sr. Hoelle se acercaba a mí. Cinco minutos después, yo ya había vendido todos mis periódicos".

Esta pericia o información, que se adquiere cuando uno se pone en acción, se convirtió en la segunda parte de la fórmula del éxito de Stone. La pericia se adquiere mediante intentos y errores seguidos de reflexión personal sobre lo que funcionó y lo que no funcionó. Conforme Stone adquiría el conocimiento que usaba como su capital funcional para invertirlo en sí mismo, Anna Stone también ampliaba sus horizontes. Con el respaldo de los dos años que había trabajado como modista excepcional en la Casa Dillon, Anna decidió abrir su propio negocio de confección de vestidos. Lo hizo y contrató a dos empleadas de tiempo completo para que le ayudaran. Trabajó ardua e incansablemente en su nueva empresa, pero los problemas financieros seguían acosando a su familia y a su negocio.

En una ocasión, Stone percibió la frustración y la preocupación de su madre y decidió hacer algo bonito por ella. Sacó una fuerte cantidad de dinero de la cuenta de ahorros que había abierto con las ganancias de la venta de periódicos. Gastó una gran cantidad de sus ahorros de toda su vida en una docena de las rosas de tallo largo más hermosas que pudo encontrar y se las entregó a su madre como un reconocimiento por todo lo que ella había hecho por él. Ella estaba encantada con ese regalo especial para el que "no había ninguna razón", y lo recordó a lo largo de su vida. Fue uno de esos momentos especiales que el dinero no puede comprar ni reemplazar, pero Stone declaró: "Esta experiencia me hizo comprender que era bueno tener dinero, por el bien que se puede hacer con él".

HAZ UN INVENTARIO DE TI MISMO

por Napoleón Hill

Y ahora te traemos a la porción de esta filosofía que requiere de un cuidadoso inventario personal de tu parte para determinar cuánto de tu tiempo estás usando con sabiduría y en forma benéfica, y cuánto tiempo estás perdiendo. Este inventario exige que respondas (para ti mismo) estas preguntas:

a. ¿Tienes un propósito primordial definido, y si lo tienes, cuánto de tu tiempo estás dedicando a alcanzar este propósito?

b. Si tienes este propósito, ¿qué plan o planes tienes para alcanzarlo? ¿Trabajas en tus planes con persistencia y con un esfuerzo organizado, o sólo trabajas en ellos en forma intermitente, cuando te llega la idea?

c. ¿Es tu propósito primordial definido una obsesión o es sólo un deseo o una débil esperanza?

d. ¿Qué has planeado dar a cambio por hacer realidad el objeto de tu propósito primordial definido?

e. ¿Qué pasos has dado para relacionarte con otros, usando el principio de la mente maestra, con el fin de alinear tu propósito?

f. ¿Has cultivado el hábito de aceptar la derrota temporal como un reto para un gran esfuerzo?

g. ¿Qué es más fuerte, tu fe en el logro del objeto de tu propósito primordial definido, o tu miedo de que podrías no lograrlo?

h. ¿A qué dedicas más tiempo: a llevar a cabo un plan que has adoptado para el logro de tu propósito primordial, o a darle vueltas en la cabeza a los obstáculos que tal vez tengas que superar para alcanzarlo?

i. ¿Estás dispuesto a renunciar a placeres personales temporalmente para poder tener más tiempo y dedicarlo al logro de tu propósito primordial, y lo estás haciendo?

j. ¿Reconoces la verdad de que sólo estás seguro de un segundo de tiempo, este preciso segundo, en el cual vivir; que tu vida se mide segundo tras segundo; que una vez que un segundo ha pasado, nunca podrá volver, y que la forma en que lo uses nunca podrá cambiarse ni modificarse?

k. ¿Reconoces que las circunstancias presentes de tu vida son el resultado del uso que has hecho de tu tiempo en el pasado; que este preciso segundo podría, si lo usas adecuadamente, cambiar todo el curso de tu vida?

l. ¿Reconoces que tu actitud mental, positiva o negativa, puede cambiarse a voluntad en un segundo?

m. ¿Conoces alguna forma en que puedas estar seguro del éxito personal que no sea el uso que haces de tu tiempo, a través de los pensamientos que tienes y la acción física con la que respaldas esos pensamientos a través de planes organizados?

n. ¿Crees que alguna vez tendrás éxito por suerte o mediante una buena fortuna inesperada que no se relaciona con tus propios pensamientos y acciones?

ñ. ¿Conoces a alguna persona que podría inspirarte con la iniciativa personal necesaria para hacer posible que alcances el objeto de tu propósito primordial si tú no tomas la iniciativa y te inspiras a ti mismo en primer lugar?

o. Cuando sufres una derrota, ¿analizas su causa y determinas la razón por la que ocurrió, o buscas una excusa plausible para explicar esa derrota?

p. ¿Crees que existe una ley natural que al aplicarla, cada individuo se ve obligado a beneficiarse o a sufrir, debido a los resultados de sus propios pensamientos y acciones?

q. Finalmente, ¿estás aceptando una parte de esta filosofía y rechazando otras partes? ¿O estás aplicando toda la filosofía, siguiendo las instrucciones que se dan, en todos tus pensamientos y acciones?

Debes responder a estas preguntas si quieres tener control sobre ti mismo y hacer el mejor uso de tu tiempo. Son preguntas directas y algunas de ellas son muy personales, mientras que otras son casi brutalmente contundentes. Pero son las preguntas que todo hombre de éxito debe responder en algún momento.

Fuente: ***Actitud mental positiva la ciencia del éxito.*** Páginas 479, 480 y 481.

TAN BUENO COMO EL ORO 18

Nuestras mayores dificultades traen a nosotros, en forma simultánea, nuestro mayor dolor y nuestras mayores posibilidades de desarrollarnos como seres humanos, o como dijo el Dr. Hill: "Cada adversidad lleva consigo la semilla de un beneficio equivalente".

—Eliezer A. Alperstein

Una vez más, en otra ocasión, Stone quería festejar de una manera especial el cumpleaños de su madre que era el 6 de enero, pero no tenía mucho dinero después de los gastos de la Navidad. Tenía menos de un dólar en su cuenta bancaria. Al caminar por las calles de Chicago oraba pidiendo algo que lo guiara para poder hacerle un regalo a su madre. Cuando volvía de la escuela a su casa a la hora de la comida, escuchó que el hielo se rompía bajo sus pies. Siguió caminando a casa, pero algo en su interior le habló y le dijo: "Regresa". Escuchó su voz interior, volvió sobre sus pasos y cuando miró hacia abajo, pudo ver un trozo de papel verde arrugado. Lo levantó y se sorprendió al ver que era un billete de diez dólares. Emocionado, corrió a casa para escribir una tarjeta de felicitación y en lugar de un regalo, puso la tarjeta que escribió y el billete debajo del plato de su madre para que ella los encontrara cuando recogiera la mesa. Ella cstaba encantada con el regalo de su único hijo, pero más encantada con el pensamiento que lo acompañaba. Para W. Clement Stone, estas dos experiencias relacionadas con dar un regalo se reflejaron en una vida de gratitud y en una historia sin paralelo como filántropo.

Él resumió la lección que aprendió con estas palabras:

> Cuando una persona adulta toma una decisión, podría ser absurda o sensata, dependiendo de sus experiencias del

> pasado en lo relacionado con tomar decisiones. Pues las cosas pequeñas que son buenas maduran convirtiéndose en cosas grandes que son buenas. Y las cosas pequeñas que son malas maduran convirtiéndose en cosas grandes que son malas. Y esto se aplica a las decisiones.
>
> Pero a las buenas decisiones se les debe dar seguimiento con acción. Sin acción, una buena decisión no significa nada, pues el deseo en sí puede morir si no hay un intento por hacerlo realidad. Por esa razón, deberías actuar inmediatamente después de tomar una buena decisión.

Con esto se completa, para Stone, la tercera parte del paso tres de la fórmula del éxito.

Los pasos son: 1) De la inspiración a la acción, 2) Pericia, y 3) Conocimiento de la Actividad. Estos pasos funcionan en combinación con la fórmula de R2A2 para conseguir lo que deseas en la vida: Reconocer, Relacionar, Asimilar y Aplicar. Stone aprendió qué es lo que funciona mediante intentos y errores básicos. En su libro, *El sistema de éxito que nunca falla,* explica en detalle estos pasos para que tú también los sigas.

Las primeras experiencias de Stone lo fortalecieron para una vida de trabajo y de éxito. Después de la primaria, Stone asistió a Senn High School. Se hospedó con una familia inglesa porque su madre tuvo que mudarse a Detroit para hacer una inversión de negocios con una pequeña agencia de seguros que representaba a la United States Casualty Company. Ella invirtió todo lo que tenía en esta agencia, incluyendo dos diamantes que había empeñado, pero el primer día al frente de su propio negocio no hizo ninguna venta. Stone recuerda que dijo su madre:

> Yo estaba desesperada. Había invertido todo el dinero que tenía, y sólo tenía que sacar de esta inversión el valor de mi dinero. Había hecho mi mejor esfuerzo, pero no había hecho una venta. Esa noche oré pidiendo orientación. A la

> mañana siguiente, oré pidiendo orientación. Cuando salí de la casa, fuI al banco más grande de la ciudad de Detroit. Ahí le vendí una póliza al cajero y me permitieron vender en el banco durante las horas de trabajo. Al parecer, había en mi interior una fuerza impulsora que era tan sincera que todos los obstáculos se desvanecieron. Ese día pude hacer 44 ventas.

Al ser testigo de la determinación de su madre por alcanzar el éxito, sin importar lo que pasara, Stone empezó a seguir sus pasos. Durante las vacaciones de Navidad y de verano, Stone se quedaba con su madre en Detroit. Ahí aprendió a vender seguros contra accidentes y empezó a crear su sistema para el éxito, un sistema que nunca en su vida le fallaría. Y a medida que perfeccionó su sistema para acercarse a un cliente y crear una conexión con él, sus ventas aumentaron a nivel exponencial. Poco después, ya no pudo continuar con sus estudios porque no podía perder sus ganancias potenciales. Debido a su éxito, dejó sus estudios para iniciar una carrera como vendedor de seguros, al lado de su madre.

En una fecha posterior asistió a una escuela nocturna después de terminar la preparatoria, pero a pesar de sus esfuerzos, no pudo seguir adelante con sus estudios en forma constante, debido al trabajo que le exigían sus actividades como vendedor de seguros. Tenía que renunciar a una de estas dos actividades, y debido a su deseo de alcanzar el éxito en el negocio de los seguros, las ventas siempre reclamaron su tiempo, pero no se apoderaron totalmente de su corazón. W. Clement Stone creció en sabiduría mediante la lectura y siendo autodidacta. Le gustaba aprender y estudió muchos temas fuera del salón de clases para incrementar su preparación personal. Su biblioteca es una prueba de su amor por la lectura. No sólo adquirió y clasificó una gran cantidad de material en su biblioteca personal, sino que también leyó estos libros e hizo anotaciones en ellos. Nunca llegó a ser el abogado que había soñado, pero apoyó a otras personas a alcanzar su sueño de tener una educación superior y un título universitario. Stone nunca se quedó al margen del camino observando lo que pasaba. Hacía que las cosas pasaran, si no para sí mismo, para otros.

A nivel personal, Stone siempre recordó a su madre con mucho cariño. En su famoso ensayo que apareció con frecuencia en la publicación conocida como *Éxito Ilimitado [Success Unlimited]*, Stone recuerda la mañana en que su esposa puso una tarjeta de Navidad en la mesa del desayuno. Al ver su nombre, Clement, escrito con la letra de su madre, se quedó inmóvil. ¿Cómo era posible? Su madre había muerto hacía tiempo. Aunque disfrutó el milagro de recibir un deseo navideño de su madre, Stone nos dice cómo fue que esto ocurrió después de su muerte:

> Al sacar nuestros adornos navideños, mi esposa encontró muchas tarjetas de Navidad hermosas que habíamos conservado, incluyendo una que me había enviado mi madre. La delicadeza de mi esposa al poner la tarjeta en mi plato en el desayuno me hizo muy feliz. Tal vez tú también podrías darle esta alegría a un ser querido.
>
> —W. Clement Stone

Este gesto especial me recuerda la ocasión en que Stone puso un billete de diez dólares bajo el plato de su madre. La bondad tiene una forma de presentarse una y otra vez, y este pequeño milagro de la Tarjeta de Navidad de su Madre, empezó con el gesto de Stone al darle a su madre un regalo inesperado el día de su cumpleaños. Como dice el dicho: "Uno cosecha lo que siembra".

Cómo desarrollar el hábito del entusiasmo

por Napoleón Hill

Puedes desarrollar el hábito del entusiasmo controlado mediante los siguientes pasos.

- Adopta un propósito primordial definido.
- Escribe una descripción clara de tu propósito primordial definido y del plan con el que esperas alcanzarlo. Incluye una declaración sobre lo que intentas dar a cambio por hacerlo realidad.
- Respalda tu propósito con un motivo entusiasta y deja que ese motivo se convierta en un deseo ardiente (obsesivo). Halágalo, impúlsalo y deja que llegue a ser un factor dominante en tu mente en todo momento.
- Ponte a trabajar de inmediato para realizar tus planes, empezando precisamente donde estás.
- Sigue tu plan con precisión y con persistencia, aliméntalo con todo el entusiasmo que puedas generar.
- Si te topas con una derrota temporal, estudia tus planes con cuidado y cámbialos si es necesario, pero no cambies tu propósito primordial sólo porque te topaste con un contratiempo temporal.
- Si la naturaleza de tu propósito primordial definido lo requiere, forma una alianza con otras personas cuya ayuda necesitas, siguiendo las instrucciones que se dan en la lección sobre la mente maestra.
- Aléjate de los aguafiestas y de los pesimistas, y relaciónate con personas optimistas. Habla de tus planes con las personas que simpatizan contigo, como los miembros de tu grupo de mente maestra.
- Nunca permitas que pase un día sin dedicar algo de tiempo, aunque sea muy poco, a impulsar tus planes. Recuerda que estás desarrollando el hábito del entusiasmo, y los hábitos deben repetirse a través de la acción.

- La autosugestión es un factor poderoso en el desarrollo del hábito del entusiasmo, al igual que en el desarrollo de cualquier otro hábito. Por lo tanto, nunca dejes de creer que obtendrás el objeto de tu propósito primordial, sin importar lo lejano que pueda estar de ti. Tu propia actitud mental determinará la naturaleza de la acción que llevará a cabo tu mente subconsciente en relación con el logro de tu propósito.
- Conserva siempre una actitud mental positiva. El entusiasmo no puede mezclarse con el miedo, la envidia, la codicia, los celos, la duda, la venganza, el odio, la intolerancia y el hábito de dejar las cosas para después. El entusiasmo sólo crece con pensamientos positivos y mediante la acción.

Tu trabajo nunca será más grande de lo grande que lo hace tu imaginación.

Recuerda que toda persona vive en dos mundos: el mundo de su propia actitud mental, que recibe una gran influencia de las personas con quienes se relaciona y de su entorno, y el mundo físico en el que debe luchar por vivir. Tal vez el mundo físico en el que te ganas la vida esté fuera de tu control, pero en gran medida puedes dar forma a las circunstancias de tu mundo físico inmediato. Puedes hacerlo con la forma en que te relacionas con tu mundo mental, ya que tu actitud mental atrae a ti los aspectos del mundo físico que están en armonía con tu actitud mental. Por tanto, el pesimismo atrae miseria y mala fortuna. Pero cuando el entusiasmo está bajo un control adecuado, atraerá felicidad y buena fortuna.

Fuente: ***Actitud mental positiva la ciencia del éxito.*** Páginas 248, 249 y 250.

TAN BUENO COMO EL ORO 19

Cada año, el Centro Mundial de Aprendizaje de Napoleón Hill ofrece una casa abierta para familiarizar a los residentes del área y a los estudiantes con la filosofía del Dr. Hill. Entre sus 17 principios está el propósito definido, la visión creativa y el entusiasmo.

—Sue Ellen Reed

Como resultado de su trabajo arduo y su dedicación, Stone llegó a ser Presidente de la Combined Insurance Company of America, fue presidente de los Clubs de Jóvenes de Chicago, Editor de la revista *Éxito ilimitado* y presidente de la Fundación Napoleón Hill. Fue coautor, con Napoleón Hill, de *Éxito a través de una actitud mental positiva,* y fue co-autor, con Norma Lee Browning, de *El otro lado de la mente,* y fue el único autor del libro clásico de autoayuda, *El sistema del éxito que nunca falla.*

A Stone se le recuerda ante todo por sus famosos artículos de motivación personal. como "¡Con una Actitud Mental Positiva la mente puede alcanzar lo que la mente puede concebir y creer!". La frase clásica "¡Hazlo ahora!" puede llenar de energía a una persona de inmediato, sólo con esas dos palabras. Finalmente, para empezar bien el día, Stone anima a todos a decir y repetir con entusiasmo: "¡Me siento saludable! ¡Me siento feliz! ¡Me siento de maravilla!". ¿Por qué tenemos que usar estas frases de motivación personal? Stone explica: "Tener buenos pensamientos, pensamientos positivos y alegres, mejora la forma en que te sientes. Lo que afecta a tu mente también afecta a tu cuerpo".

En resumen, Stone afirma:

> El verdadero valor de un libro de autoayuda no es lo que es autor pone en él, sino lo que tú, el lector, sacas del libro y pones en tu vida.

Y...

> ...eres producto de la herencia, del entorno, del cuerpo físico, de la mente consciente y subconsciente, de la experiencia y de tu posición y dirección específicas en el tiempo y en el espacio... y de algo más, lo que incluye poderes conocidos y desconocidos. Tienes el poder de afectarlos, usarlos, controlarlos o armonizarte con ellos. Y puedes dirigir tus pensamientos, controlar tus emociones y poner orden en tu destino.

Hasta su muerte a los 100 años de edad, Stone fue Presidente de la Fundación Napoleón Hill y trabajó diligentemente para dar a conocer los Principios del Éxito que aparecen a continuación. Su legado sigue estando presente en la Universidad Purdue, Calumet, en Hammond, Indiana, y en el Colegio de la Universidad de Virginia en Wise. Pero Don Green y Judith Williamson comparten la misión de educar a las personas en estos principios a través de publicaciones, seminarios, talleres, retiros y conferencias que dan instrucción a las personas y empresas que han mostrado interés en las enseñanzas tanto del Dr. Hill como de W. Clement Stone.

Los principios del éxito, según W. Clement Stone

1. Una actitud mental positiva
2. Un propósito definido
3. Dar más de lo que se espera de uno
4. Pensamiento preciso

5. Autodisciplina
6. La Alianza Mente Maestra
7. Fe Aplicada
8. Una personalidad agradable
9. Iniciativa Personal
10. Entusiasmo
11. Atención Controlada
12. Trabajo en Equipo
13. Aprender de la adversidad y de la derrota
14. Una visión creativa
15. Programar el uso de tiempo y dinero
16. Conservar buena salud física y mental
17. Usar la Fuerza Cósmica de los Hábitos (Ley Universal)

Cómo formar parte del dos por ciento, que representa a la clase de personas que tienen éxito

por Napoleón Hill

A continuación se presentan algunas sugerencias de vital importancia para quienes desean asimilar esta filosofía del éxito y aplicarla al logro de las cosas que más desean en la vida:

- Adáptate a la actitud mental de otras personas y a sus peculiaridades, para que puedas tener una relación de paz con ellas. Observa a los perros y aprende el arte del autocontrol observando cómo los perros se adaptan al estado de ánimo de sus amos.

- Evita concentrarte en circunstancias triviales en tus relaciones humanas, negándote a permitir que se conviertan en incidentes polémicos. Las grandes personalidades siempre evitan los incidentes pequeños en las relaciones humanas, ignorándolos por completo.

- Establece tu propia técnica para condicionar tu mente al inicio de cada día, basándote en las instrucciones que se presentan en este curso, de manera que puedas mantener una actitud mental positiva a lo largo del día.

- Aprende el arte de promocionarte ante otros en forma indirecta, no mediante un acercamiento directo.

- Adopta el hábito de soltar una carcajada y en esa forma transformar el enojo en una emoción inofensiva, y observa con cuánta eficacia cambia tu actitud mental de estar negativa a positiva. Los vendedores expertos practican este hábito todos los días para condicionar su propia mente con una actitud mental positiva. Esto es esencial en el trabajo del vendedor.

- Analiza tus adversidades, fracasos y derrotas, y determina sus causas. Luego observa la rapidez con la que descubres la semilla de un beneficio equivalente que llega con este tipo de experiencias.

- Al enfrentar una tarea, concentra tu mente en lo que "puedes hacer" y no te preocupes por lo que "no puedes hacer" hasta que tengas que enfrentarlo cara a cara. Para entonces, es posible que lo que "puedes hacer" ya te haya llevado muy cerca del éxito.

- Aprende a transmutar todas las circunstancias desagradables en acciones que requieran una actitud mental positiva. Cultiva este hábito y practícalo después de cada experiencia desagradable.

- Reconoce que cada circunstancia que influye en tu vida en cualquier grado es grano útil para el molino de tu vida, y haz que reditúe de alguna manera proporcionándote algún beneficio, ya sea que la circunstancia sea agradable o desagradable.

- Reconoce que nadie puede triunfar siempre, independientemente de cuánto merezca triunfar. Aprende a hacer concesiones para las ocasiones en que no triunfarás, transmutando la pérdida en cierto tipo de ganancia en aquello que acabas de experimentar.

- Aprende a ver la vida como un proceso continuo de aprendizaje a partir de tus experiencias, sean buenas o malas.

- Recuerda que cada pensamiento que liberas regresa a ti multiplicado muchas veces, para traerte bendiciones o desgracias. Vigila los pensamientos que liberas y asegúrate de sólo transmitir pensamientos cuyos frutos estés dispuesto a recibir.

- Cuida tus relaciones, ya que la actitud mental negativa de otras personas es muy contagiosa y se te va pegando poco a poco.

- Recuerda que tienes doble personalidad: una es positiva y tiene una gran capacidad para la fe; la otra es negativa y también tiene una gran capacidad para la falta de fe. Ubícate en el lado de la personalidad que tiene fe y la otra personalidad desaparecerá por falta de uso.

- Recuerda que la oración tiene mejores resultados cuando la persona que ora tiene suficiente fe para verse como si ya tuviera en su posesión aquello por lo que está orando. Esto exige una actitud mental positiva.

Fuente: ***Actitud mental positiva la ciencia del éxito.*** Páginas 233, 234 y 235.

TAN BUENO COMO EL ORO 20

Las personas que tienen miedo a fracasar no alcanzan el éxito verdadero. El éxito, sin importar cómo se defina, sólo está al alcance de las personas que tienen un Propósito Definido apoyado en planes de acción implacables, que están dispuestas a correr riesgos, que tienen la capacidad de aprender de sus errores y tienen una fe firme en que el poder de alcanzar sus metas se basa en saber que merecen alcanzarlas y son capaces de alcnzarlas.

—Gail Brooks

Hace poco, Chino Martínez y yo tuvimos el privilegio de hacer una presentación en la Convención Internacional de la Sociedad Americana para la Calidad, en Minneapolis, Minnesota. Si estás familiarizado con esta organización, estarás consciente de su carácter internacional y de su excelente reputación. Como muchos de sus proyectos se centran en la calidad de la administración aunada a la precisión de las estadísticas, es una tarea difícil ofrecer una presentación que la Sociedad Americana para la Calidad considere adecuada para sus miembros. No obstante, nuestra segunda propuesta fue seleccionada y nuestra presentación, "Cómo transformar la calidad desde el interior a partir de las obras clásicas", se presentó el martes 19 de mayo de 2009. La charla incluía un análisis de *El mago de Oz,* correlacionando las características del León, el Hombre de Hojalata, el Espantapájaros y Dorothy con los principios de la filosofía del éxito del Dr. Hill.

Como la mayoría de nuestros lectores conocen este cuento infantil clásico, pensé que disfrutarían y sacarían provecho de un resumen de esta presentación. Aparecerá en tres partes a lo largo de las siguientes tres semanas.

Cómo transformar la calidad desde el interior a partir de las obras clásicas

Los niños a menudo usan cuentos de hadas para avanzar a través de las etapas de desarrollo que les causan dolor emocional, mental, social, espiritual y físico en la infancia. Es más fácil hacer una pregunta o mencionar una preocupación hablando de un León, un Espantapájaros, un Hombre de Hojalata o una niña como Dorothy, que admitir que esa pregunta es personal. En las empresas, los empleados y los ejecutivos a menudo también prefieren abordar los problemas relacionados con el trabajo usando alegorías en lugar de escenas de la vida real. La mayoría de las personas prefieren comentar estas situaciones a nivel abstracto y no al nivel de hechos concretos. El cuento clásico de *El mago de Oz* aborda problemas y miedos que los niños necesitan resolver y superar con el fin de madurar. Además, presenta un escenario en el que podemos hablar de las características que necesitan las personas en el mundo adulto para tener éxito, si desean crecer y encontrar su propia fuerza personal y su potencial. Ser ingenuo, cobarde, estúpido e inhumano, son características que pueden asolar a alguien durante ciertos periodos de la vida, de modo que esto puede fácilmente relacionarse con los personajes del cuento escrito por L. Frank Baum.

En la vida y en la literatura, el crecimiento y el cambio a nivel personal son elementos necesarios para el desarrollo del carácter. Conocer nuestros defectos personales es el cincuenta por ciento de la solución, pero el elemento esencial que permite que alguien haga la transición, es igualmente crítico. El conocimiento es insuficiente, la valentía es insuficiente, y el interés es insuficiente. Pero si se combinan, estos ingredientes representan las verdaderas características del liderazgo en el siglo XXI. "A las personas no les importa cuánto sabes, hasta que saben cuánto te interesa", es una máxima que se repite con frecuencia. Cuando la persona sufre una transformación, como la que sufrieron el León Cobarde, el Espantapájaros y el Hombre de Hojalata, ningún entrenamiento en el campo del liderazgo cambiará mágicamente a un seguidor en el líder carismático que se requiere en el siglo XXI. Lo único que lo logrará es un cambio del corazón, de la mente y del alma.

Al contemplar el proceso que una persona debe seguir para transformarse en un líder, Napoleón Hill se preguntaba qué atributos debe poseer un líder. A lo largo de sus veinte años de investigación, el Dr. Hill llegó a la conclusión de que existen 17 principios o características que los líderes deben utilizar. Cuando Dorothy viajaba buscando su "arco iris", descubrió que el camino al éxito tiene aplicaciones universales. Analicemos los principios que ella consideró útiles a lo largo del sendero.

Haz que el éxito sea un hábito. Horace Mann dijo: "El hábito es un cable; cada día tejemos una parte de él, y al final no podremos romperlo". La naturaleza conserva todo el universo a través de un sistema de hábitos establecidos que nunca cambian. En lo que se refiere a las personas, los pensamientos crean hábitos. Cada uno de nosotros es el resultado combinado de los pensamientos que ha tenido hasta la fecha. "Estás donde estás y eres lo que eres a causa de los hábitos de pensamiento y acción que has establecido", dice el Dr. Napoleón Hill. Si quieres ser diferente a como eres, cultiva la clase de hábitos de éxito que te llevarán desde donde estás hasta donde deseas estar. Dorothy descubrió que la clave de los deseos de su corazón (regresar a casa) siempre había estado en su interior, pero todavía tenía que descubrir cómo liberar su potencial como persona.

Mira si puedes imaginar qué principios del éxito serán útiles para Dorothy y su grupo al recorrer el sendero de baldosas amarillas para encontrarse con el Mago.

CÓMO ESTABLECER UN HÁBITO VOLUNTARIAMENTE

por Napoleón Hill

Sólo existen tres principios esenciales para establecer un hábito en forma voluntaria. Son muy importantes, así que recuérdalos bien:

- **Plasticidad,** que simplemente es la propiedad o capacidad de cambiar o ser cambiado. También implica que una vez que se ha hecho un cambio, la nueva forma que se ha establecido perdura hasta que un cambio posterior la modifique. En otras palabras, la plasticidad es el tipo de flexibilidad que encontramos en un trozo de arcilla para modelar, como la plastilina que los niños usan en la escuela. Se puede moldear para darle cualquier forma, y permanecerá así hasta que se moldee dándole una forma diferente. El hombre es el único ser viviente que posee las características de tener plasticidad, de ser capaz de cambiar, y su plasticidad yace, por supuesto, en sus facultades mentales. Las influencias externas o el entorno pueden cambiar al hombre, o él puede cambiarse voluntariamente ejerciendo su propia fuerza de voluntad. Es obvio que esta prerrogativa es una necesidad básica para formar hábitos voluntariamente.

- **Frecuencia de las Impresiones.** Como hemos visto, la repetición es la madre de la memoria. También es la madre de los hábitos. Uno de los factores que afectan la velocidad con que se establece un hábito, es la frecuencia con la que se repite la acción o el pensamiento necesario. Esto, por supuesto, varía con el individuo, las circunstancias y el elemento tiempo. Un pensamiento sólo puede repetirse cierto número de veces al día, por ejemplo, y si un hombre está en el trabajo, las circunstancias podrían impedir que pensara en el hábito específico que desea establecer. También está el factor de la iniciativa personal. Alguien podría ser perezoso e indiferente, o podría ser ambicioso y enérgico. Esto afecta el número de veces que va a repetir la acción o el pensamiento. Esto a su vez afecta el tiempo que le llevará establecer el hábito.

- **Intensidad de la Impresión.** Esta es otra variable en el proceso de establecer el patrón de un hábito. A lo largo de estos principios, se te ha hablado de la importancia de un motivo fuerte, irresistible, y de un deseo ardiente, como factores esenciales. Esta es la razón. Si una idea se impacta en la mente respaldada con toda la emoción que puedas tener, se convertirá en un deseo que llega a ser una obsesión. Por lo tanto, tendrá un mayor impacto que si sólo expresaras un deseo vago, aunque las palabras que emplees sean idénticas. El grado de intensidad o de impacto es, por lo tanto, otro factor que afecta la velocidad con la que un hábito puede desarrollarse y establecerse.

Fuente: Curso: ***Actitud mental positiva la ciencia del éxito.*** Páginas 505 y 506.

TAN BUENO COMO EL ORO 21

Las lecciones más valiosas para mi educación personal empezaron cuando leí dos obras clásicas: La llave maestra hacia la riqueza *y* Piense y hágase rico, *de Napoleón Hill. Estos dos libros hicieron que yo anhelara relacionarme mejor y a un nivel más profundo con personas de éxito que buscan la abundante sabiduría de otros grandes líderes y pensadores.*

—Chuck Sink

Aunque ya tenía puestas las zapatillas rojas de rubí, Dorothy necesitaba instrucciones concretas para que su magia funcionara. De la misma manera, el conocimiento personal, la compasión y la valentía son atributos humanos muy valiosos que se adquieren en la medida en que se practican. Dorothy necesitaba adquirir estas características para madurar. Su ir y venir en Oz la hizo reflexionar y crecer en base a sus experiencias.

El filósofo estadunidense, Ralph Waldo Emerson, nos dice: "La clave de cada hombre es su pensamiento". Napoleón Hill añade: "En esta forma puedes controlar tu destino en la tierra en gran medida; simplemente ejerciendo tu privilegio de dar forma a tus propios pensamientos, pero una vez que esos pensamientos se han formado y tienen pautas definidas, la ley cósmica de la fuerza de los hábitos se hace cargo de ellos y se transforman en hábitos permanentes; y permanecen así a menos que sean suplantados por pautas de pensamiento más fuertes".

Con el fin de llegar a ser un líder en el campo que hayas elegido, debes poseer las características de un líder. Estas características son: Conocimiento, Valentía y Compasión. Al observar más de cerca al Espantapájaros, al León Cobarde y al Hombre de

Hojalata, podemos empezar a entender lo que estas características significan para los líderes de nuestro tiempo.

El conocimiento es esencial en todos los campos de actividad, pero cuando uno quiere llegar a ser un líder en su campo, no basta con sólo tener la pericia que se describe en un libro de texto. Tal vez conoces personas que suponen, como supuso el Espantapájaros, que el Conocimiento es Poder. Para ser más exactos, el conocimiento sólo es poder potencial. Sólo es poder cuando lo usamos. El conocimiento sólo es una etapa en el proceso de seis pasos de que consta la idea más amplia del aprendizaje. Como dice Bloom, el verdadero aprendizaje se lleva a cabo a través de estas etapas: conocimiento, comprensión, aplicación, análisis y evaluación. Como puedes ver, el conocimiento está en el fondo, no en la parte superior de esta jerarquía. El hecho de tener conocimientos sobre la industria, sobre las personas, la tecnología, los productos, los negocios y cualquier otra cosa, es relativamente inútil si no se aplica.

A medida que el Espantapájaros avanzó en su aprendizaje, pudo merecer su diploma. Pregúntate: ¿en realidad era más inteligente después de que recibió el diploma, o sólo pensó que lo era? Una vez que adquirió el conocimiento, su autoestima aumentó, y él tuvo más confianza, lo que a su vez le permitió aplicar sus conocimientos. El conocimiento aplicado es poder. Ahora, en lugar de pensar en limitaciones que él mismo se imponía, el Espantapájaros piensa en habilidades y resultados. Sus pensamientos llegan a ser su realidad. Tener un Propósito Definido es el primer paso para lograrlo. Este es el principio que distingue a los que "actúan" de los que "van a la deriva" en la vida.

Valentía es poder sacar la basura aunque no haya luz en el porche. Es mirar al miedo de frente y tener la osadía de seguir adelante sin importar lo que pase. Napoleón Hill dice: "El miedo es el obstáculo más grande para el éxito". Puede parar a una persona en seco. Hace que mire hacia atrás, no hacia delante. La poderosa frase de Franklin D. Roosevelt: "No tenemos que temerle a nada excepto al miedo en sí", es tan cierta hoy como cuando él la dijo hace décadas, durante la Gran Depresión en Estados Unidos. El miedo nos inmoviliza. Hace que seamos seguidores en lugar de ser líderes. Acaba con nuestra iniciativa personal y con nuestro entusiasmo. En esencia, disminuye nuestro impulso y nuestro deseo de triunfar. Cuando el León Cobarde recibió su medalla de valor, todavía sentía miedo, pero comprendió que hasta los valientes sienten miedo. Pensó que era valiente y por eso se volvió valiente. La medalla fue un premio exterior para un cambio interior. Una vez que se analiza el miedo y se ve tal como es, la persona debe buscar el resultado deseado y decidir si lo que quiere es pasar a través de su miedo y llegar a la acción. Al no sentirse intimidadas por cantidades abrumadoras de información, por una gran multitud de gente, o por cualquier otra situación aterradora, las personas pueden aceptar sus miedos y avanzar en la vida, si perciben que la recompensa por el cambio vale la pena. El Dr. Hill afirma: "La persona que busca el éxito debe obligarse a sí misma a controlar su miedo dando el primer paso hacia su meta".

En sus estudios sobre la muerte y el proceso de morir, la Dra. Elizabeth Kubler Ross identifica las cinco etapas que experimentan las personas en el proceso de morir. Estas etapas son: negación, enojo, pacto, depresión y aceptación. Las personas que tienen la intención de enfrentarse al miedo pasan por estas mismas etapas, ya que ellas reflejan el proceso del cambio. Al saber que hay una secuencia de pasos que las personas necesitan dar para cambiar, el proceso se vuelve más racional y controlable para las personas. Una Actitud Mental Positiva hace posible que podamos conservar la actitud de que "sí podemos" incluso al enfrentarnos al miedo. Esa es la actitud mental correcta en toda circunstancia.

Dos leyes importantes

por Napoleón Hill

Existen dos leyes importantes con las que deberías familiarizarte. Una es la ley de la compensación y la otra es la ley de remuneraciones crecientes. La humanidad depende del funcionamiento de estas dos leyes para su vida. Si el agricultor no las respeta podría no producir cosechas. Veamos cómo debe observar estas leyes y además el principio de entregar más de lo que se te exige, ya sea que lo reconozca conscientemente o no.

El agricultor debe limpiar el terreno, quitando los árboles, arbustos y matas. Luego debe arar, rastrillar y fertilizar, según sea necesario. Luego tiene que sembrar la semilla en la tierra. Debe usar su inteligencia mientras trabaja, determinando cuál es la estación del año apropiada para plantar, cuál es el método correcto para cuidar los cultivos, y cuáles son las técnicas correctas de irrigación y cultivo.

Habiendo terminado con estos pasos, ha hecho todo lo que puede hacer. Hasta ese punto, no se le ha pagado por su labor. ¡Literalmente, ha hecho más de lo que se le ha pagado! Ahora debe esperar que la naturaleza haga que las semillas germinen, y debe esperar que pase el tiempo para que las plantas crezcan y se produzca una cosecha.

Si el agricultor ha llevado a cabo su trabajo con inteligencia, la naturaleza lo premiará con la ley de la compensación, a través de la cual la naturaleza no permite que los seres vivos reciban algo sin entregar nada, y tampoco permite que el trabajo se quede sin recompensa. Esta ley garantiza la recompensa de la semilla que se sembró. Pero si sólo se recibiera la recompensa de la semilla, no se habría ganado nada en el proceso, y no se podrían producir alimentos para los seres humanos y los animales.

Debe haber otra ley en operación en forma simultánea. Es la ley de remuneraciones crecientes, ya que hay un incremento en la cantidad que se produce en relación con la cantidad que se sembró. La naturaleza devuelve al agricultor la semilla que sembró en la tierra y además un margen que representa una cantidad mucho mayor. Esta es la recompensa por haber hecho más de lo que se le estaba pagando. Esta ley invariable siempre premia el esfuerzo inteligente que se hace con una actitud de fe y se entrega con generosidad, sin tomar en cuenta los límites de la compensación inmediata.

Ahora puedes entender la afirmación de que este principio estratégico de entregar un mejor servicio y más servicio del que se nos paga por entregar, no es una ley humana. Claro que podrías pensar que estos ejemplos son sencillos. Son muy sencillos en lo que concierne a los efectos, pero no podrías considerar que la causa que respalda a este principio sea sencilla. Esa causa es tan profunda e imponderable como son las demás leyes mediante las cuales este planeta y todo el universo se mantienen en orden y en armonía a lo largo del tiempo y del espacio.

La naturaleza tiene leyes y principios definidos y establecidos a los que el ser humano debe adaptarse si desea vivir con éxito. No es necesario que entendamos el significado y el propósito amplio de estas leyes. Lo único que necesitamos hacer es observar su existencia y adaptar nuestras acciones a ellas.

Fuente: ***Curso: Actitud mental positiva la ciencia del éxito.*** Páginas 142 y 143.

TAN BUENO COMO EL ORO 22

Debemos darnos el poder de tomar control de nuestros pensamientos, debemos superar nuestros miedos y seguir nuestro Camino de Baldosas Amarillas, que representa las reglas para lograr nuestros sueños y nuestras metas. Nadie puede hacerlo por nosotros, por esta razón: ¡EL VERDADERO MAGO DE OZ ESTÁ EN TI! Y no permitas que nadie te quite esa verdad.

—Barbara Hailey

COMPASIÓN: EL HOMBRE DE HOJALATA

No puedes esperar llegar a ser un líder poderoso sin tener actitudes justas y equitativas hacia otros. La compasión, o el ser líder con el corazón, no es una característica que se adquiere al nacer, sino una característica que se gana a través de la interacción humana. En la novela *Cuento de Navidad,* el Fantasma de la Navidad Por Venir dice que la compasión es la leche de la bondad humana. El cariño empieza con la relación de un niño con su madre, crece hacia los miembros de la familia, y luego hacia la comunidad y más allá. En la Jerarquía de las Necesidades de Maslow, se muestra que para que una persona entregue algo a cambio de los dones que recibió en el nacimiento, necesita primero recibir cariño de otros. Sin un modelo de compasión al cual seguir, el ser humano no adquiere la compasión. La compasión requiere que la persona se interese en dar, no en recibir. Significa dar más de lo que se espera de nosotros para así darle algo a cambio al Universo por todo lo que se nos dio al nacer. Maslow muestra que la realización personal es una de las necesidades más importantes. Es la etapa en que una persona puede devolverle al Universo los dones que se le han dado usando sus talentos. Cuando el Hombre de Hojalata recibe un reconocimiento por tener un corazón, siente una interconexión con otros a nivel emocional. Experimenta dolor emocional cuando sabe en su corazón que Dorothy va a volver a Kansas. Esta necesidad de compasión de nivel superior es lo que nos hace humanos.

Napoleón Hill nos dice que deberíamos basar nuestras relaciones con otros en las reglas de conducta que se dan en el Sermón de la Montaña. Añade que sin el éxito espiritual, los logros materiales son una burla. Hill advierte: "El tipo de justicia al que me refiero tiene objetivos positivos para inspirar a otros de modo que tengan mayor productividad, reconociendo su valía y sus capacidades como seres humanos". Hacer más de lo que se espera de nosotros, es la JOYA de todos estos principios. Hace que el Universo nos recompense con un interés compuesto. Esto se conoce como la Ley de Remuneraciones Crecientes, y lo que la pone en movimiento es la Ley de la Compensación. Debes acumular este tipo de riqueza para ti mismo, y nunca cuestionarás tus logros en la vida.

Conclusiones: el Mago de Oz es un mapa de caminos para el siglo XXI

Después de comparar a los personajes de El Mago de Oz contigo, conforme avanzas en tu trayecto por la vida, puede verse que en nuestro interior hay un León Cobarde, un Hombre de Hojalata, un Espantapájaros y una Dorothy. Estos "personajes" son oportunidades de aprendizaje que cada uno de nosotros ha recibido para mejorar su desempeño en la tierra. Algo más importante es que si aspiramos a tener liderazgo organizacional, debemos aprovechar estas oportunidades de aprendizaje y aceptar los retos que ellas proporcionan con el fin de madurar en nuestra profesión. Al dar un paso al frente y aceptar el reto, podemos avanzar a través de ese reto sin que las oportunidades que proporciona el crecimiento nos impidan avanzar o nos atemoricen. Shakespeare dice: "Hay una marea en los asuntos de los hombres que si se aprovecha en su subida nos lleva a la fortuna pero si se descuida, toda la travesía de la vida queda encallada en bajíos y miserias". Advierte: "El tiempo y la marea no esperan a hombre alguno". Te recomiendo que aceptes el reto que te ofrece la vida, que aproveches la oportunidad y hagas el cambio. Te conviene. Sólo pregúntale a Dorothy, al Hombre de Hojalata, al León Cobarde y al Espantapájaros. Cada uno recibió una recompensa justa, y su vida mejoró gracias a lo que aprendieron al recorrer el camino de baldosas amarillas.

Concibe, cree y logra, es la fórmula del éxito. Síguela un paso a la vez. Sólo sigue tu sendero de baldosas amarillas y llegarás a tu destino más pronto de lo que crees. ¡Y ya no estarás en Kansas!

Todos pueden hacer "milagros"

por Napoleón Hill

Una actitud mental positiva es el hábito de mantener la mente ocupada con las circunstancias y las cosas que uno desea en la vida, y alejada de lo que uno no desea. La mayoría de las personas pasan toda la vida con sus actitudes mentales dominadas por temores, ansiedades y preocupaciones que tienen que ver con circunstancias que de alguna manera se las arreglan para aparecer tarde temprano. Y lo extraño de esta verdad es que estas personas a menudo culpan a otros por las desgracias que ellos mismos se han causado por tener actitudes mentales negativas.

La mente tiene una forma definida de vestir a nuestros pensamientos con un equivalente físico apropiado. Si piensas en la pobreza, vivirás en la pobreza. Si piensas en la opulencia, vivirás en la opulencia. A través de la ley eterna de la atracción armoniosa, nuestros pensamientos siempre se visten con las cosas materiales que son adecuadas a su naturaleza.

Una actitud mental positiva es el hábito de ver todas las circunstancias desagradables con las que nos topamos como oportunidades para poner a prueba nuestra capacidad de superarlas buscando la "semilla de un beneficio equivalente" y poniéndola en acción.

Una actitud mental positiva es el hábito de evaluar todos los problemas y ver la diferencia entre los que podemos superar y los que no podemos controlar. La persona que tiene una actitud mental positiva se esfuerza por resolver los problemas que puede controlar, y aborda los que no puede controlar de tal manera que no influyan en su actitud mental ni la cambien de ser positiva a ser negativa.

Fuente: ***Puedes hacer tus propios milagros.*** Napoleón Hill, Ballantine Book, 1971. Página 21.

TAN BUENO COMO EL ORO 23

Los pensamientos negativos, que son el producto de conversaciones negativas, producen resultados negativos. Las malas noticias sobre las que pensamos demasiado producen lo que percibimos como malos resultados.

—Keith Russell Lee

"Nada de malas noticias" es parte del coro de una canción de la película *The Wiz.* Cuando prevalecen las "malas noticias", pueden adquirir ímpetu y arruinar nuestro día e incluso nuestra vida, si lo permitimos. Pueden lanzar un verdadero hechizo que no sólo podría dañarnos sino obstaculizar nuestra alegría y nuestro progreso durante los años por venir. Literalmente, las malas noticias pueden robarnos el alma y hacernos sentir como si fuéramos muertos vivientes que caminan como sonámbulos en la vida. El único antídoto contra las malas noticias es reemplazarlas con pensamientos positivos. Tanto el Dr. Hill como W. Clement Stone nos recuerdan que debemos mirar a las malas noticias directamente a los ojos, obligarlas a darse la media vuelta y alejarse de nosotros. Pero como lo sabe cualquier persona que ha experimentado un percance, una pérdida impactante o simplemente una emoción negativa, lograr un cambio podría ser tan difícil como revertir la marea. ¿Cómo podríamos revertir la marea cuando eso nos parece imposible tomando en cuenta nuestros recursos?

Recuerdo una cita de Edmund Burke que dice: "Lo único que se necesita para que triunfe el mal, es que los hombres no hagan nada". Napoleón Hill añade: "Aprende a motivar a otros con el ejemplo". Parece que la cura está en la acción, en los pasos que pueden darse no sólo para descubrir el orificio del muro que hay que tapar para detener la marea, sino para llenar la ribera de sacos de arena, construir un muro de contención y luego abordar el verdadero problema que es la causa de la inundación. No es sólo un paso, son muchos, y al final la diferencia será que el agua no arrasará con toda la aldea. Tú puedes ser parte del cambio que deseas ver en el mundo. Como dice Gandhi: "Sólo se requiere de una acción positiva de tu parte".

La muerte de Michael Jackson "no fue una buena noticia" para el mundo. En mis clases, a menudo uso su video musical "Man in the Mirror" [El hombre en el espejo] para ilustrar la manera en que podemos ser el cambio que deseamos ver en el mundo. Es difícil ver las imágenes de niños hambrientos, de gente sin hogar, de la guerra, de armas nucleares, pero estas imágenes pueden despertar la indignación en nuestras almas porque son realidades que estamos permitiendo. Este video nos obliga a salir de nuestra zona de confort, de nuestra existencia cotidiana de muertos vivientes, y nos lanza un grito de guerra pidiendo reformas. No son "buenas noticias", pero el cambio puede lograrse. Agradezco a Michael Jackson por este mensaje positivo a un mundo negativo y por atraer nuestra atención a ese mensaje. Una obra de calidad siempre permanece viva después de la muerte del artista que la creó, y este video nos inspirará a la acción a lo largo del tiempo que le lleve al mundo corregir su error. Ahora Michael está en un plano superior y estoy segura de que continuará ayudándonos en la obra que él inició en este planeta. Somos mejores porque él estuvo aquí, pero su obra no ha terminado. ¡Nosotros somos las manos y los pies que se necesitan para llevar a cabo la tarea de hacer que el mundo sea un mejor lugar para vivir! Como decía Michael Jackson: "Haz el cambio".

¿QUÉ PASOS PUEDES DAR PARA DESARROLLAR UNA ACTITUD MENTAL POSITIVA?

por Napoleón Hill

Una actitud mental positiva es "obligatoria" para todos aquellos que desean hacer que la vida les pague como lo merecen. Nunca se ha logrado nada grande sin una actitud mental positiva.

Reconoce que tu actitud mental es lo único sobre lo que tú y sólo tú tienes un control total. Ejerces el privilegio de tomar posesión de ella y diriges tu mente con una actitud mental positiva.

Entiende, y compruébalo a tu total satisfacción, que cada adversidad, fracaso, derrota, sufrimiento y circunstancia desagradable, ya sea que tú la hayas propiciado o no, lleva consigo la semilla de un beneficio equivalente que puede transmutarse en una bendición de proporciones enormes.

Aprende a cerrar la puerta de tu mente a todos los fracasos y circunstancias desagradables del pasado, y libera tu mente para que pueda actuar con una actitud mental positiva.

Descubre qué es lo que más deseas en la vida y empieza a alcanzarlo, justo donde estás en este momento, ayudando a otros a adquirir beneficios similares, poniendo así en acción el mágico principio del éxito: el hábito de hacer más de lo que se espera de ti.

Elige una persona que, en tu opinión, es la mejor del mundo, ya sea en el pasado o en el presente, y haz que esa persona llegue a ser el líder que te marque el paso por el resto de tu vida; imítala en todo lo que puedas.

Determina la cantidad de riquezas materiales que necesitas, establece un plan para obtenerla, y luego adopta el principio de "no demasiado, no demasiado poco", para gobernar tu ambición futura de cosas materiales. La codicia de poseer una gran abundancia de bienes materiales ha destruido a más personas que ninguna otra cosa.

Cultiva el hábito de decir o hacer algo cada día que haga que otra persona, o que otras personas, se sientan mejor. Puedes hacerlo con una llamada telefónica, con una palabra amable al pasar, con una tarjeta postal, o con alguna otra acción bondadosa que hagas por alguien. Por ejemplo, poner un buen libro que pueda dar inspiración en manos de alguien que lo necesita podría hacer milagros en la vida de esa persona.

Fuente: ***Curso: Actitud mental positiva la ciencia del éxito.*** Página 225.

TAN BUENO COMO EL ORO 24

La libertad es un concepto maravilloso que todos deseamos. Quienes vivimos en Estados Unidos tenemos mucha libertad que aceptamos sin pensarlo mucho. Sin embargo, cuando alcanzamos la "libertad" verdadera, a veces puede convertirse en una responsabilidad atemorizante.

—Dra. Judith Arcy

En Estados Unidos, el mes de julio es un mes de celebraciones. El 4 de julio se celebra el nacimiento de esta nación. De acuerdo con la tradición, a menudo lo celebramos con vacaciones, con días libres, con reuniones familiares, días de campo y carne asada. Siempre pasa algo especial y por lo general hay una atmósfera de expectación festiva que marca el tono de todo el mes de julio. A diferencia de otras temporadas de fiestas, en esta celebración veraniega no se siente la tensión que acompaña a otras celebraciones. La norma es sentirse libre como el viento. Los fuegos artificiales, las arenosas playas, las hamburguesas y las salchichas a las brasas, las cálidas noches de verano, contribuyen a la actitud despreocupada que hace que la gente se relaje, no que se acelere.

Es bueno notar las cosas que podrían parecer insignificantes en otras épocas del año. Cosas que huelen como el césped recién podado, que son como la luz de las estrellas y la luna, como la luz de las luciérnagas, como la brisa del verano, y como el aroma de los jardines de flores y de los huertos de hortalizas. Aunque podríamos atribuir estas señales del verano al ciclo de las estaciones, la otra realidad es que estamos cosechando lo que sembramos.

Al hablar del servicio, el Dr. Hill nos recuerda: "Aprende una lección del agricultor que ara la tierra, la fertiliza, siembra la semilla y luego espera la reacción que seguramente le dará una rica cosecha". Otro refrán familiar nos recuerda que cosechamos lo que sembramos. Si plantamos tomates, podemos esperar cosechar tomates a su debido tiempo, no mazorcas de maíz. La lección es simple. Si seguimos las leyes de la naturaleza, sabemos que se nos compensará por lo que hemos hecho ya que la ley de remuneraciones crecientes trabajará a nuestro favor. El tiempo de la cosecha llegará y también llegará el momento de alegrarnos. El trabajo (servicio) nos fortalece, y nuestra compensación llegará tarde o temprano porque esa es la ley. Cuanto más esperemos, será mejor para nosotros ¡porque estaremos acumulando interés compuesto por parte del Universo!

Entonces, este 4 de julio, agradecemos los pequeños regalos que el Universo nos da gratuitamente. Un amigo me mandó un correo electrónico en el que mencionaba varios milagros comunes: una jarra de café recién preparado que tú no preparaste… una llamada telefónica inesperada de un viejo amigo… semáforos en verde cuando vas camino a tu trabajo… la fila más rápida en el supermercado… una canción bonita en el radio… encontrar tus llaves exactamente donde las dejaste.

¿Por qué no crear una lista de tus pequeños milagros en este momento? No olvides incluir la libertad que disfrutamos en este país cuando celebramos nuestro legado el 4 de julio.

Concebir, creer y lograr

por Napoleón Hill

Aquello que la mente concibe, el hombre lo puede lograr, siempre y cuando lo que concibe no vaya en contra de las leyes de la naturaleza y esté en armonía con un universo moral y ordenado.

Parece que uno de los propósitos de la existencia del hombre aquí en la tierra es actuar como el receptor y distribuidor del poder de la Inteligencia Infinita. Podemos ver que, en la medida en que el hombre coopera con este propósito, se une con las fuerzas que respaldan a toda la naturaleza. Y por el contrario, en la medida en que sólo se interesa en sus fines egoístas, se opone a este poder o retrasa su flujo.

El poder de la Inteligencia Infinita derrama la vida en nosotros como una corriente que fluye y mantiene todas las funciones de nuestro cuerpo y de nuestra mente. Puedes usarlo para guiar y gobernar las circunstancias y condiciones de nuestra vida, si actuamos como conductores de esta energía, y le damos forma de acuerdo con nuestros propósitos constructivos.

El poder que fluye hacia nosotros no tiene límites. Debe manifestarse en este mundo en una forma que nosotros, como individuos, podamos entenderlo y expresarlo.

La energía de la vida fluye hacia una mente positiva y receptiva como una corriente continua, como las tiras de aleación de aluminio se introducen en las prensas de una fábrica. Lo que entra es una vida potencial, una abundancia potencial, un poder potencial, riquezas potenciales. Pero como las tiras de aluminio de la fábrica, nuestros pensamientos que van saliendo sólo pueden ser lo que hemos expresado, lo que las máquinas de nuestras propias convicciones y creencias han quedado impresas en el material original.

Lo que nosotros aceptamos, lo que amamos, valoramos o anhelamos con un deseo ardiente y mantenemos presente en nuestros pensamientos como algo muy nuestro, se cumple en nuestra vida. Como la luz del sol al pasar por un prisma se divide en rayos de todos los colores de que se compone la luz, la Inteligencia Infinita, al pasar por nuestra mente toma diversas formas. El prisma de nuestra mente sólo puede oscurecerse por las imperfecciones de las preocupaciones y los miedos que nosotros creamos, y por la mentalidad de fracaso, que eliminan todos los colores más claros y felices. Lo que pasa a través de nosotros es una corriente de inteligencia, pero así como un troquel defectuoso en una prensa troqueladora puede producir piezas burdas y feas con la mejor materia prima, así como un prisma defectuoso puede convertir los rayos de sol en sombras, así nuestra falta de fe y nuestras dudas convierten una energía vital perfecta en enfermedad, en pobreza, en discordia y en miseria.

Por lo tanto, la primera acción esencial es tener cuidado con el patrón que lleva el troquel, vigilar nuestros deseos y creencias con el mismo cuidado con que el director de la Casa de Moneda de Estados Unidos vigila los troqueles que se usan para hacer las monedas de plata. En lugar de imaginar aquello que temes y no deseas, y en esa forma troquelar una imagen negativa en la energía de la Inteligencia Infinita que fluye a tu mente, asegúrate de imaginar las condiciones que en realidad deseas.

Si tienes fe, concentra tu mente en aquello que deseas y aléjala de aquello que no deseas.

Fuente: ***Curso: Actitud mental positiva la ciencia del éxito.*** Páginas 88 y 89.

TAN BUENO COMO EL ORO 25

Si lo que deseas hacer es correcto y si crees en ello con un deseo ardiente, no permitas que nada te impida hacerlo.

—Phil Barlow

El Dr. Hill afirma: "¡El valor del pensamiento organizado no puede tener un precio fijo! Pero el pensamiento no tiene poder hasta que se le organiza y se le dirige hacia una finalidad definida y se lleva a cabo mediante acción inteligente". Si hay una clave subyacente para el éxito en La Ciencia del Éxito, es que después del pensamiento debe seguir la acción inteligente. El pensamiento sin acción, o la acción sin pensamiento, nunca le darán a una persona las riquezas de la vida. Pensamiento + Acción debe ser la combinación que equivale al resultado deseado en nuestra búsqueda personal.

Al enseñar este concepto, a menudo cito el poema *El Dorado*, de Edgar Allan Poe,

Brillantemente ataviado, un galante caballero,
viajó largo tiempo al sol y a la sombra,
cantando su canción, a la busca del Eldorado.

Pero llegó a viejo, el animoso caballero, y
sobre su corazón cayó la noche porque en ninguna
parte encontró la tierra del Eldorado.

Y al fin, cuando le faltaron las fuerzas, pudo
hallar una sombra peregrina. —Sombra, —le
preguntó— ¿dónde podría estar esa tierra del
Eldorado?

—Más allá de las montañas de la Luna, en
el fondo del valle de las sombras; cabalgad,

cabalgad sin descanso —respondió la sombra,— si
buscáis el Eldorado.....

Cuando se lee este poema por primera vez, el mensaje no es tan obvio. Un caballero inicia su búsqueda de Eldorado, la tierra de oro, y parece estar siguiendo el camino correcto. Más tarde parece que ha pasado el tiempo, que sus reservas se han reducido y que su Sistema de Posicionamiento Global no es exacto. ¿Estaba incompleta la información? ¿Su rey le dio las coordinadas incorrectas? ¿O el Caballero simplemente era soñador, era idiota o ambas cosas? Quizás es una combinación de todo esto. Pero la verdadera falla de ese programa existe porque la brújula interna del caballero no estaba alineada con su Estrella del Norte y él no utilizó pensamiento preciso. El pensamiento inicial estuvo presente. La acción estuvo presente. Pero la acción no emanó del pensamiento inteligente combinado con un propósito primordial definido. Por tanto, cuando aparece la Sombra, al Caballero se le dan más instrucciones, pero son incluso más difíciles de seguir que antes. Tal vez la Sombra representa a la sombra del yo anterior del caballero, en el momento en que se desespera pensando que su travesía nunca lo llevará a su destino. ¿Cómo podría llegar a su destino si él nunca supo a dónde iba? ¿Cómo sabría cuando llegara allá?

Considera en qué forma serías como el Caballero en tu búsqueda de la riqueza. ¿Has examinado a fondo el terreno antes de iniciar tu búsqueda? ¿Realmente sabes lo que estás buscando? ¿Tus instrucciones y planes son específicos, están bien organizados, son detallados, abarcan cierto periodo y tienen una fecha límite que sea razonable? ¿Puedes medir tu progreso basándote en señalamientos a lo largo del trayecto? A medida que progresas, ¿estás descubriendo más sobre ti mismo o estás perdiendo más sobre ti mismo en el trayecto? El artículo de Hill que aparece a continuación habla sobre las doce riquezas de la vida. Si estos son los tesoros más importantes de la vida, ¿tu camino personal te acerca a ellos o te está alejando de ellos?

Como afirma el Dr. Hill: "Desear algo y tener esperanza de alcanzarlo es un buen inicio, pero no te lleva hasta el final". Antes de comenzar con el trayecto de tu vida, asegúrate muy bien de tener un mapa del tesoro que valga la pena seguir. Tú eres el mejor juez en lo que a eso respecta.

La fuente de toda riqueza

por Napoleón Hill

El pensamiento es la fuente de toda riqueza, ya sea material, física o espiritual. Es el medio con el cual cualquier persona que las desee podrá obtener las doce riquezas de la vida (*una actitud mental positiva, buena salud física, armonía en las relaciones humanas, estar libre de temores, la esperanza de lograr algo, la capacidad de la fe, estar dispuesto a compartir nuestras bendiciones, una tarea de amor, una mente abierta en todos los temas, autodisciplina, la capacidad de comprender a la gente y seguridad financiera*). No obstante, el pensamiento no es muy útil para acumular riquezas si no se organiza y se dirige hacia finalidades definidas mediante un propósito definido. El pensamiento, como la electricidad, es energía que puede destruir al igual que construir. La electricidad pone en marcha los engranajes de la industria y transforma las tinieblas en luz. Pero también puede acabar con la vida, dependiendo de la inteligencia con que se aplique.

Lo mismo puede decirse del pensamiento, aunque funciona de manera diferente a través del cerebro humano. Las páginas de la historia de la medicina están llenas de registros de casos de personas que se han suicidado por haber aplicado el pensamiento en forma negativa. Todo psicólogo sabe que la aplicación negativa del pensamiento es responsable de gran parte de la miseria y la pobreza del mundo. El mundo ha llegado a entender muy lentamente el principio y el uso de la electricidad, pero finalmente aprendió cómo dominar la electricidad y cómo usarla. El mundo está aprendiendo muy lentamente cómo dominar y usar el pensamiento.

Los seres humanos buscan riquezas materiales a lo largo de su vida, sin darse cuenta de que la fuente de toda riqueza está a su alcance y bajo su control; sólo está esperando que se le reconozca y se le use. Esto no es sólo una suposición de una verdad, es un hecho que conocen todos aquellos que han llegado a ser conscientes del poder de sus propios pensamientos, que han hecho suyo ese poder y lo han usado para resolver sus problemas. Por ejemplo, la mayoría de los seres humanos pasan toda la vida sin darse cuenta de la fuente de poder que está a su alcance si aplicaran el principio de la mente maestra.

La persona que piensa con precisión no sólo reconoce la existencia de este principio, sino que lo usa como medio para multiplicar su propio poder mental. La persona que piensa con precisión se rodea de un grupo de mente maestra que consta al menos de cuatro tipos diferentes de talento: un asesor espiritual, un asesor financiero, un asesor en el campo de la salud, y un asesor personal. Además, debes tener tipos adicionales de aliados en tu grupo de mente maestra, como consejeros técnicos, consejeros profesionales y otros tipos de consejeros, dependiendo de la naturaleza y alcance de tu propósito primordial definido.

Fuente: ***Curso: Actitud mental positiva la ciencia del éxito.*** Páginas 316 y 317.

TAN BUENO COMO EL ORO 26

Las enseñanzas y las obras de Napoleón Hill son eternas. Pueden aplicarse en la actualidad como se aplicaron en 1937, cuando se publicó Piense y hágase rico. *Te las recomiendo.*

—Richard Banta

El hacernos esta pregunta: "¿Cómo puedo aprovechar al máximo lo que tengo?", puede llevarnos hacia direcciones nuevas y positivas. Luchar por alcanzar la perfección a menudo nos pone de mal humor y puede predisponernos a ciertos fracasos en muchas áreas de la vida. Si no nos ponemos en marcha porque el resultado "perfecto" que visualizamos es de enormes proporciones, nunca alcanzamos lo que somos capaces de hacer. En lugar de visualizar la imagen de un resultado perfecto para las cosas triviales que la vida nos da, ¿por qué no buscar mejorar en lugar de buscar la perfección?

Por ejemplo, en lo que se refiere a limpiar tu casa, es probable que hayas escuchado la frase: "será suficiente darle una mano de gato". A veces eso será suficiente, tomando en cuenta que quedará mejor que como estaba. Al preparar la comida, tal vez los platillos hechos en casa sean más saludables, pero los que se compran en las tiendas también podrían satisfacer nuestras necesidades si nos interesa consumir alimentos saludables. Cuando se trata del cuidado a los animales, cuando nuestros ingresos no son muy altos, tal vez sea suficiente la atención que les damos en casa, sin tener que llevarlos a una "Estética Canina". En cuanto al cuidado del automóvil, es una buena idea tener a la mano una bolsa para basura para ayudar a conservarlo limpio. Todas estas ideas sólo son de sentido común, ¿pero las aplicamos y las usamos? Tal vez no, pues muchos de nosotros no tomamos en cuenta la continuidad de acciones que llevan al éxito y sólo nos concentramos en los extremos del cero por ciento y del cien por ciento. ¡Esto nos impide avanzar! Como un vehículo sin combustible, perdemos el entusiasmo porque no podemos ver un avance espectacular hacia un resultado positivo. ¿Cómo podemos aprender a avanzar hacia nuestra meta sin perder de vista los pasos que hay que dar en el trayecto? Tal vez sea tan fácil como hacernos esta pregunta: "¿Cómo puedo aprovechar al máximo lo que tengo?".

El abogado Richard Banta te da la respuesta a esta pregunta. En lugar de tirar la toalla cuando un negocio que él estaba desarrollando en casa no respondió a sus expectativas, tomó lo mejor de él y dejó a un lado lo demás. Al concentrarse en la puerta abierta del futuro y no en la puerta cerrada del pasado, pudo tomar lo que había aprendido de este intento inicial y aplicarlo a un nuevo negocio que estaba iniciando. ¿No es este un mejor enfoque que lamentar el hecho de que su primer intento no fue perfecto? Yo creo que sí. Aprendemos de nuestras experiencias, o nuestras experiencias nos derrotan. La buena noticia es que podemos decidir al respecto.

Empieza con sencillez. ¿Qué tareas tienes que llevar a cabo hoy? Piensa en la forma en que puedes abordarlas y causar un impacto, pero no te preocupes por hacerlas a la perfección. Tal vez puedas lavar los platos, pero no secarlos sino dejar que se sequen con el aire. Poda el césped pero no te pulas con las orillas. Lava la ropa, pero deja el planchado para después. Aquí el truco es que "al empezar una tarea ya hicimos la mitad". No permitas que la expectativa de un resultado perfecto haga que te detengas. La única forma de obtener este resultado final positivo es dar un paso a la vez al ir avanzando hacia tu meta. No tienes que alcanzarla en un día, en una semana o en un mes, pero nunca se hará realidad si esperas la oportunidad perfecta para comenzar. Date cuenta de que la oportunidad perfecta es ahora. Y el resultado perfecto sólo llegará a tu puerta cuando hayas preparado el camino que te lleva al éxito.

Lecciones que se aprenden de la derrota
por Napoleón Hill

El momento más importante de tu vida es el momento en que reconoces que has sufrido una derrota. Es el más importante porque te proporciona un medio seguro para predecir las posibilidades de un éxito futuro.

Si aceptas la derrota como una inspiración para volverlo a intentar, con mayor confianza y determinación, el alcanzar el éxito sólo será cuestión de tiempo. Si aceptas la derrota como algo definitivo y permites que destruya tu confianza, bien podrías abandonar tu esperanza de alcanzar el éxito.

Cada derrota que enfrentes se convertirá en un punto crucial en tu vida, pues la derrota te pondrá cara a cara con la necesidad de renovar la confianza en ti mismo, o de admitir que te falta esa confianza.

A menudo, la derrota hace que un hombre abandone su vanidad. Pero existe una diferencia entre la vanidad y la confianza en uno mismo que se basa en un inventario honesto de nuestro carácter. El hombre que se da por vencido cuando sufre una derrota, da a entender que pensó que su vanidad era confianza en sí mismo.

Si un hombre tiene una auténtica confianza en sí mismo, también tiene un carácter sólido, pues una de estas cosas brota de la otra. Y un carácter sólido no se rinde ante la derrota sin luchar.

La educación, la destreza y la experiencia son recursos útiles en cualquier actividad, pero tendrán poco valor para el hombre que, como el árabe del desierto, guarda su tienda de campaña y se aleja en silencio cuando ha sufrido una derrota. El hombre que tiene un propósito primordial definido, fe y determinación, puede en ocasiones verse arrastrado lejos del lado del Río de la Vida que representa el éxito, debido a circunstancias que están fuera de su control, pero no permanecerá ahí mucho tiempo. Porque su reacción mental a esa derrota será suficientemente grande como para llevarlo de regreso al lado del éxito, donde merece estar.

El fracaso y la adversidad han llevado a muchos hombres a oportunidades que no habrían reconocido en circunstancias más favorables.

La actitud mental de una persona al enfrentar la derrota es el factor de mayor importancia para determinar si le favorecerá la fortuna en el lado del Río de la Vida que representa el éxito o si será arrastrado al lado del fracaso y las circunstancias de la desgracia.

Las circunstancias que separan el fracaso del éxito a menudo son tan ligeras que su verdadera causa se pasa por alto. A menudo sólo están en la actitud mental con la que enfrentamos una derrota temporal. El hombre que tiene una actitud mental positiva reacciona a la derrota con un espíritu de determinación que lo lleva a no aceptarla. El hombre que tiene una actitud mental negativa reacciona a la derrota con un espíritu de aceptación sin esperanza.

El hombre que tiene una actitud mental positiva puede conseguir cualquier cosa en la vida en la que ponga su corazón, siempre y cuando eso no esté en conflicto con las leyes de Dios ni con los derechos de sus semejantes. Es probable que experimente muchas derrotas, pero no se rendirá ante la derrota. La transformará en un escalón con el que puede ascender a zonas de logro cada vez más altas.

Fuente: ***Curso: Actitud mental positiva la ciencia del éxito.*** Páginas 394, 395 y 396.

TAN BUENO COMO EL ORO 27

He descubierto que cuando tenemos tranquilidad mental, le damos a nuestra mente subconsciente la oportunidad de hablar; y nos habla a través de nuestra intuición.

—Ray Stendall

Aquí se presentan algunas citas del Dr. Hill que será fácil transformar en autosugestiones positivas para tu uso personal. Al repetirlas todos los días o incluso varias veces al día, estas frases pueden empezar a crear en tu cerebro un sendero que es como los surcos de un disco de fonógrafo. Luego, cuando llega el momento de experimentar un sentido positivo de bienestar que te ayude a seguir adelante en momentos de necesidad, lo único que tienes que hacer es "volver a escuchar" la sugestión. W. Clement Stone sabía esto cuando decía una y otra vez: "Me siento saludable, me siento feliz, me siento de maravilla". Y su famosa frase; "¡Hazlo ahora!" nos pone en el camino del éxito porque nos llama a la acción. Literalmente, Stone nos da una orden que nos pone en marcha.

¿Todavía te sientes incrédulo? Ponlo a prueba durante una semana o más, y ve si puedes condicionar tu mente para que tenga una actitud mental positiva. ¿Qué puedes perder? "Lleva a cabo la acción y tendrás el poder que ella implica", afirma Emerson. Si tienes una mentalidad de éxito, atraerás el éxito con la misma facilidad con que atraerás el fracaso. ¡Concebir, creer, lograr!

A continuación presento mis ejemplos; puedes usarlos o crear tus propios ejemplos.

Concentra tu mente en aquello que quieres y aléjala de aquello que no quieres.

Concentro mi mente en aquello que quiero y la alejo de aquello que no quiero.

Concentra la mente en una meta definida y observa la rapidez con que el mundo se hace a un lado para dejarte pasar.

Tengo una meta definida y todas las puertas se abren sin esfuerzo ante mí.

Todo es posible para una persona que cree que es posible.

Sé que todo es posible.

El secreto de lograr que se hagan las cosas es actuar. El camino hacia el éxito es el pensamiento organizado seguido de la ¡acción, acción, acción!

Primero pienso y luego actúo.

¡Hazlo ahora… y hazlo antes de que alguien te diga que lo hagas!

Lo hago ahora.

Eres el dueño de tu destino. Puedes ejercer influencia, dirigir y controlar tu entorno. Puedes hacer de tu vida lo que desees.

Yo controlo mi destino controlando mis pensamientos y mis emociones. Actúo de acuerdo con lo que es mejor para mí.

Lamenta tus desgracias y multiplícalas o guarda silencio y haz que mueran de hambre.

Pienso en mis éxitos.

La riqueza empieza con el pensamiento.

Mis pensamientos son mi tesoro.

Lo que piensas hoy se convierte en lo que serás mañana.

Pienso positivamente y creo resultados positivos ahora.

Estás donde estás debido a tus hábitos de pensamiento.

Mis pensamientos crean mi vida.

La autosugestión y el control de la atención

por Napoleón Hill

Tú recibes la influencia de las circunstancias dominantes de tu entorno cotidiano y eres parte de ellas. El medio por el cual esto ocurre se conoce como autosugestión (sugestiones que te haces a ti mismo en forma consciente o inconsciente).

La autosugestión graba en tu memoria todos los pensamientos que expresas, y lo hace parte de tu carácter, ya sea que el pensamiento sea positivo o negativo. Graba cada palabra que se dice y llegue a tus oídos, y le da un significado positivo o negativo, de acuerdo a tu reacción hacia ello.

La autosugestión graba las reacciones de tus pensamientos a todo lo que ves o reconoces a través de cualquiera de los cinco sentidos físicos, y graba los "sentimientos" que captas en tu entorno físico.

Los objetos en que concentras tu atención deliberadamente llegan a ser las influencias dominantes de tu entorno. Si tus pensamientos se concentran en la pobreza o en las señales físicas de la pobreza, estas influencias se transfieren a tu mente subconsciente a través de la autosugestión.

Si el hábito de concentrarte en la pobreza continúa, el resultado será que tu mente se condicione a aceptar la pobreza como una circunstancia ineludible, y a la larga tendrás una mentalidad de pobreza. Así es como millones de personas se condenan a sí mismas a una vida de pobreza. Recuerda esto, si deseas llegar a vivir en la opulencia.

El principio de la autosugestión funciona exactamente en la misma forma cuando tus pensamientos dominantes se concentran en la opulencia y en la seguridad económica mediante el control de la atención. Este hábito te lleva a desarrollar una mentalidad de prosperidad sin la cual nadie puede tener la esperanza de alcanzar la seguridad económica.

Por lo tanto es obvio que cuando voluntariamente concentras tu atención en un propósito primordial definido, y obligas a tu mente a concentrarse en ese tema, mediante hábitos de pensamiento que cultivas diariamente, condicionas tu mente subconsciente a actuar a favor de ese propósito. Como hemos dicho una y otra vez, la mente subconsciente actúa primero sobre los pensamientos dominantes que se le presentan cada día, ya sean positivos o negativos, y se dedica a hacer realidad esos pensamientos, traduciéndolos en su realidad material equivalente.

Fuente: ***Curso: Actitud mental positiva la ciencia del éxito.*** Páginas 345 y 346.

TAN BUENO COMO EL ORO 28

Siempre que te sientas desganado y que has perdido la pasión, pregúntate: ¿Qué le da significado a la vida? La respuesta muy a menudo te indicará lo que necesitas hacer para recuperar el entusiasmo.

—Mark Sanborn

¿Alguna vez has tomado una fotografía? ¿O eres fotógrafo? Independientemente de tu experiencia profesional, siento que podría asegurar que las mejores fotografías que has tomado fueron las que tomaste cuando dedicaste el tiempo necesario a enfocar la cámara. Al manejar la lente, lo que estabas fotografiando se armonizó más con la imagen que ya tenías en los ojos de la mente. Mientras trabajabas para captar en un marco lo que ya habías visualizado en la pantalla de tu mente, tu fotografía se "reveló" mostrándose como una realidad. Lo interesante es que el alcanzar nuestras metas a corto y a largo plazo no difiere mucho de esta técnica para tomar fotografías.

Cuanto más nos enfocamos, mejores resultados tenemos. Normalmente, es necesario concentrar la atención para poder enfocarnos. Una vez que dominamos esta técnica, la aplicación de estos principios nos lleva al dominio de la actividad que hemos elegido. Con el fin de llevar a cabo un trabajo excelente, debemos enfocarnos sólo en la tarea mientras la estamos realizando; ya sea que tengamos que escribir una carta a máquina, hornear un pastel, conducir un auto, pintar una obra maestra o cuidar un jardín. Al enfocarnos, involucramos y alineamos activamente nuestras capacidades cognitivas con el resultado que deseamos.

¿Recuerdas que cuando ibas a la escuela tu maestra decía en voz alta: "¡Pongan atención!"? Lo importante de esa orden es que no te deja soñar despierto y te lleva a la realidad de la lección. También hay momentos y lugares para dar rienda suelta a la imaginación creativa, pero no cuando estás trabajando para alcanzar el éxito en algo que no está relacionado con tu imaginación, pero que a final de cuentas también es importante. Al concentrar tu atención en la tarea que estás realizando, le estás indicando a tu mente consciente que estás a cargo. Pero cuando somos perezosos y no nos concentramos, no somos el Capitán de nuestro barco. No tenemos un vigía y en cualquier momento puede sobrevenir el desastre.

Practica la concentración en periodos cada vez más largos. Si tienes una tarea que te es difícil completar, decide concentrarte totalmente en ella durante 15, 30 o 60 minutos. Empieza estableciendo el periodo con el que te sientas cómodo. Luego, concéntrate en la tarea durante ese periodo. A medida que te sientas cómodo controlando esta actividad y empieces a ver resultados positivos, comprenderás que al concentrarte en tu meta, permaneces al mando de tu barco y te diriges al destino que has elegido.

Así que concéntrate, concéntrate, concéntrate, y el trayecto de tu vida llegará exactamente al destino que determinaste, mucho antes de lo esperado. Sólo tú puedes lograrlo.

La atención controlada te lleva a ser un experto

por Napoleón Hill

La atención controlada te lleva a ser un experto en cualquier actividad humana, ya que hace posible que te concentres en los poderes de tu mente para alcanzar un objetivo definido y mantenerlo fijo a voluntad. Controlar la atención equivale a un autocontrol del más alto nivel, pues es un hecho aceptado que el hombre que controla su propia mente puede controlar cualquier otra cosa que se interponga en su camino.

Harriet Beecher Stowe tenía este tipo de control en mente cuando dijo:

> Cuando llegas a un lugar en el que reina la tensión y todo está en tu contra, a tal grado que parece que no podrías sostenerte un minuto más, nunca te des por vencido, pues ese es precisamente el lugar y el momento en que la marea cambiará.

La marea siempre parece estar a tu favor si has decidido ver que lo hace. Tu actitud mental tiene mucho que ver con el cambio de la marea. Platón expresó este concepto diciendo:

> La primera y la mejor victoria es conquistarse a sí mismo; el sucumbir a uno mismo es lo más vergonzoso y lo más vil.

Francis Parkman mostró que entendía el poder de la mente, y en especial el poder que está a nuestro alcance a través de la atención concentrada, cuando escribió:

> Si alguien desea hacer algo grande en esta corta vida, debe aplicarse y trabajar concentrando sus fuerzas de tal manera que los espectadores ociosos, que sólo viven para divertirse, creerán que está loco.

Washington Irving expresó su respeto por el poder de la mente con estas palabras:

> Las mentes grandes tienen propósitos, otras personas tienen deseos. Las mentes pequeñas son mansas y calladas debido a su mala fortuna; pero las mentes grandes superan la mala fortuna.

El potencial que tiene el poder de controlar la atención mediante la concentración, es grande y diverso, pero nada es más grande ni más importante que el concentrarse en un propósito primordial definido. En las palabras "atención controlada" se oculta un poder extraño que hará posible que superes las limitaciones que tú mismo te has impuesto y que la mayoría de las personas aceptan o fijan en su propia mente, y estas limitaciones los atan a lo largo de casi toda su vida.

Fuente: ***Curso: Actitud mental positiva la ciencia del éxito.*** Páginas 334 y 335.

TAN BUENO COMO EL ORO 29

Hay mucha maldad en el mundo y si tú no tienes una buena brújula moral, se te puede desviar hacia acciones muy destructivas que llenarán tu vacío moral como una inundación.

—Eleizer A. Alperstein

¿Por qué enseñarles a los niños sobre los castigos que la vida puede imponernos cuando podrías enseñarles sobre las recompensas que la vida nos da? La educación basada en el temor es negativa y la educación basada en la fe es positiva. Para expresarlo con sencillez, esto significa que, ya sea que tengamos miedo o que tengamos fe, aquello que esperamos es exactamente lo que pasará. Nuestras expectativas crean nuestras realidades, lo que elegimos crea nuestro carácter y nuestro carácter crea nuestro destino. Aunque es fácil expresar este concepto, es difícil entenderlo, interiorizarlo y ponerlo en acción.

Al considerar las polaridades de la vida: polo norte y polo sur; dentro y fuera; sí y no; negativo y positivo; emoción y conocimiento; temor y fe; hombre y mujer; noche y día, y así sucesivamente, una persona podría preguntarse si ambos extremos no son necesarios para llegar a apreciar las diferencias que hay entre ellos. Y la respuesta es "sí". Al elegir lo bueno, debemos reconocer la existencia de lo malo. Al encender una vela, debemos percibir las tinieblas. Al apreciar la risa, debemos saber lo que significa llorar. De la misma manera, si deseamos ser positivos, debemos ponernos en contra del aspecto negativo de la vida.

Al enseñarles a los niños a elegir, es necesario que ellos entiendan las consecuencias de sus decisiones. Si decir: "sé bueno" fuera suficiente para que los niños obedecieran, el mundo sería un lugar en el que sería fácil vivir. A veces los niños y los adultos reciben recompensas por el mal comportamiento y repiten los comportamientos que atraen atención, cuidado, preocupación y consideraciones especiales. No es bueno cosechar este tipo de consecuencias a partir del mal comportamiento, y los padres de familia necesitan prestar atención a esto. Debería haber recompensas para las elecciones correctas, pero no para las elecciones en las que los niños manipulan los resultados.

Napoleón Hill ha dicho que el Universo aborrece la inactividad y el vacío. ¡Tal vez dedicarnos activamente a llevar a cabo nuestra misión en la vida sea una práctica favorable que nos lleve hacia las recompensas que ofrece la vida! El solo hecho de dar pasos positivos en la dirección que elijas, y hacer algo para llenar los espacios vacíos que encuentras a lo largo del trayecto, podría llevarte hacia las recompensas de la vida. ¿No fue esto lo que hicieron todos los "Grandes Personajes" de la historia? ¿Podría en realidad ser tan fácil como buscar una necesidad y satisfacerla? Yo creo que sí.

Tu tarea para esta semana es avanzar hacia el lado de la vida que se relaciona con las recompensas descubriendo una necesidad y respondiendo a ella. Puedes empezar con ponerle agua a tu perro y tal vez luego puedas avanzar a algo como lo que una amiga mía va a hacer mañana por la noche: aceptar la petición que le hicieron y hablar en el funeral de un amigo querido. Annedia admite que nunca antes ha hecho esto, pero está decidida a hacer su mejor esfuerzo para compartir momentos de la vida de su amigo que puedan ayudar a otros a recordar la belleza de una vida que contiene momentos extraordinarios y también momentos llenos de tristeza. Independientemente de lo que decidas hacer, recuerda que no debes permitir que las sanciones de la vida te afecten. Por el contrario, deja que las recompensas de la vida te lleven a un nuevo nivel de desempeño. ¡Se te recompensará por ello con interés compuesto!

¿QUÉ ELEGIRÁS?

por Napoleón Hill

Hay dos cosas que la naturaleza no favorece y que castiga con severidad:

(a) un vacío y

(b) la ociosidad (falta de acción)

Si impides que cualquier músculo del cuerpo esté activo y en uso, se va a atrofiar y llegará a ser inútil. Si amarras un brazo a tu costado y no le permites actuar, también se atrofiará y llegará a ser inútil. La misma ley que gobierna las otras partes del cuerpo gobierna al cerebro, donde se organizan y se liberan las vibraciones del pensamiento.

Una mente positiva encuentra la forma de hacer las cosas, una mente negativa busca las formas en que no pueden hacerse.

Si no usas tu cerebro para el pensamiento controlado en relación con las cosas que deseas, la naturaleza interviene y lo usa para cultivar circunstancias negativas que no deseas. Tú tienes poder de elección en esta situación: Puedes tomar posesión de tu poder de pensamiento, o puedes permitir que quede bajo la influencia de los errantes vientos del azar y de circunstancias que no deseas. Pero no puedes sentarte ocioso y así liberarte de la influencia de estos dos sobres cerrados.

La naturaleza te permite concentrar tu mente en lo que desees. La naturaleza también te permite crear tu propio plan para alcanzar tu deseo. Corona todos tus esfuerzos con los beneficios que provienen del sobre cerrado rotulado como Recompensas. Pero no favorece la ociosidad y la castiga donde quiera que exista.

A partir de esta verdad brotó el refrán: *El éxito atrae más éxito mientras que el fracaso atrae más fracaso;* una verdad que tal vez hayas observado muchas veces, aunque es posible que no hayas analizado las razones por las que las cosas suceden así.

Si pones a trabajar tu mente con una actitud mental positiva y crees que tienes derecho al éxito, tu fe te guiará infaliblemente hacia lo que tú consideras el éxito. Si adoptas una actitud mental negativa, y llenas tu mente con pensamientos de temor y frustración, tu mente atraerá hacia ti las sanciones de estos pensamientos indeseables.

O quizás no intentes controlar y dirigir tu mente, abriéndola ampliamente a toda influencia con la que te pongas en contacto, y eso atraerá hacia ti las cosas que aparecen en la lista del segundo sobre sellado, que son las Sanciones que debes pagar por tu descuido y por no tomar posesión de tu mente y no dirigirla.

Ahora abramos estos dos sobres cerrados y veamos lo que contienen:

Recompensas

(Para las personas que toman posesión de su mente y la dirigen hacia objetivos deseables.)

El privilegio de ponerte en el rayo del éxito que sólo atrae las circunstancias que llevan al éxito.

- Buena salud tanto física como mental.
- Independencia financiera.
- Una labor de amor en la que puedas expresarte.
- Paz mental.
- Fe aplicada que hace que el miedo sea imposible.

- Amistades duraderas.
- Longevidad y una vida bien equilibrada.
- Inmunidad contra toda forma de autolimitación.
- La sabiduría para comprenderte a ti mismo y a otros.

SANCIONES

(Que deben pagar aquellos que descuidan tomar posesión de su mente y no la dirigen hacia objetivos deseables.)

- Pobreza y miseria toda la vida.
- Enfermedades mentales y físicas de muchas clases.
- Limitaciones personales que te atan a la mediocridad todos los días de tu vida.
- Miedo, en todas sus formas destructivas.
- Aversión a la ocupación con la que te ganas la vida.
- Muchos enemigos, pocos amigos.
- Todo tipo de preocupaciones conocidas a la humanidad.
- Ser víctima de toda influencia negativa que se encuentre.
- Estar sujeto a la influencia y el control de otras personas a su voluntad.
- Una vida perdida que no aporta nada al mejoramiento de la humanidad.

Estas listas abarcan el catálogo de Recompensas y Sanciones. ¿Cuál de estas listas escoges como tu destino en la vida?

Fuente: ***Curso: Actitud mental positiva la ciencia del éxito.*** Páginas 221, 222 y 223.

TAN BUENO COMO EL ORO 30

Antes escuché que lo explicaban así: "En lo que concierne a la moral, si tienes que preguntarte si algo es correcto o incorrecto, es muy probable que sea INCORRECTO".

—Greg Reid

¿El tomar una decisión te restringe cuando se trata de alcanzar el éxito? ¿Sueles posponer las cosas cuando tienes que decidir sobre la forma de proceder? ¿Continúas sopesando los pros y los contras de cierta actividad? ¿Te quedas atorado en medio de un proceso de toma de decisiones? Si sientes ansiedad o estrés; si tienes la mente dispersa y no puedes concentrarte, necesitas una transformación completa en lo que concierne a tomar decisiones y vivir con las consecuencias. Corrige esta falla de tu perfil de personalidad y te convertirás en una versión más fuerte de tu yo anterior.

Napoleón Hill identificó la incapacidad para tomar una decisión como un factor crítico cuando una persona no puede alcanzar el éxito. Afirma que una de las causas más importantes de la falta de éxito es "no tomar decisiones en forma rápida y definida cuando todos los hechos necesarios para una decisión están disponibles". Después de reunir toda la información necesaria y clasificarla como "importante" o "no importante" en lo que concierne a la decisión que se va a tomar, necesitas tomar la decisión de inmediato, sin mirar atrás. Es como conducir un coche. Cuando decides dirigirte hacia el sur, es imposible que progreses si a cada minuto pones el coche en reversa. Lo mejor que puedes hacer en este tipo de situación es avanzar centímetro a centímetro, aunque finalmente te detendrás en la autopista de la vida.

Decide tomar una decisión en este momento. Establece una fecha razonable. Reúne la información. Clasifica la información. Revisa lo que hayas averiguado. Toma una decisión. Se ha dicho que tomar una decisión, aunque sea una decisión equivocada, es mejor que no decidirse. Este simple hecho es verdad porque has cambiado de ser alguien que está sentado en una cerca, a ser un constructor de puentes. Cuando decides, pones a las fuerzas del universo a tu favor. Eres como un imán que atrae hacia sí los recursos necesarios para manifestar tu decisión. Me pregunto qué decidirás. Después de todo se dice que tú eres quien está al control de tus decisiones. Las decisiones producen resultados. Decide producir buenos resultados.

Prontitud de decisión

por Napoleón Hill

Observa a las personas en cualquier lugar y notarás que quienes no pueden decidirse no son populares ni tienen éxito. ¿Cómo te sientes con la personalidad de un amigo que no puede decidir si le gustaría participar contigo en cierta actividad? Esa persona te pone en gran desventaja. La has invitado a participar y eres sincero al decir que deseas llevar a cabo lo que tienes en mente. Su indecisión te impide conseguir otro socio para la actividad que deseas emprender, y te deja en la incómoda posición de no saber si podrás seguir adelante con tus planes.

La prontitud de decisión es un factor muy importante en el logro de una personalidad agradable, y es un rasgo prominente en todas las personas de éxito. Es un hábito que puede adquirirse con autodisciplina. La prontitud de decisión se desarrolla como resultado de tener una actitud mental positiva que es confiada, constructiva, segura y progresiva. Se relaciona muy de cerca, como podrás percibirlo con facilidad, con el hecho de tener un propósito definido, que es el punto de inicio de cualquier logro.

Vivimos en un país donde los logros individuales son posibles a gran escala debido a la gran abundancia de oportunidades en todas las profesiones y oficios. Pero las oportunidades no esperan a nadie. El hombre que tiene visión para reconocer una oportunidad y que es capaz de tomar una decisión con la prontitud necesaria para aprovechar esa oportunidad, alcanzará el éxito.

Fuente: ***Curso: Actitud mental positiva la ciencia del éxito.*** Páginas 169 y 170.

TAN BUENO COMO EL ORO 31

Como también sabemos, existe una diferencia entre desear algo y estar listo para recibirlo o adquirirlo. ¿Cuál es la diferencia? La fe. Mientras no creas que algo es posible, no lo será.

—Richard Krasney

No hay nada que simplemente suceda. Tienes que hacer que las cosas sucedan, incluyendo el éxito individual. El éxito es el resultado directo de una acción definida, planeada con cuidado y llevada a cabo con persistencia por una persona que ha condicionado su mente para el éxito y cree que lo va a alcanzar.

—Napoleón Hill

Claves mágicas para el éxito (usando los principios de Napoleón Hill)

1. **Conecta el interruptor apropiado** - (Actitud Mental Positiva) Tener siempre la actitud mental **correcta** en cualquier circunstancia. Este era el principio favorito de Stone. ¡Una buena imagen mental que puedes tener en mente es que nada podrá llegar a existir si no conectas el interruptor apropiado! Permite que brille tu luz.
2. **Preséntate; aunque no estés preparado** – (El principio de dar más de lo que se espera de uno) Este era el principio favorito de Carnegie. Él afirma que hizo de él el éxito en los negocios que llegó a ser. Abraham Lincoln escribió su famoso discurso de Gettysburg en la parte trasera de un sobre, una hora antes de presentarlo, pero su **VIDA** estaba presente en cada palabra. ¡Se ha dicho en muchas ocasiones

que la victoria a menudo llega a aquellos que hacen acto de presencia! Y lo más importante es: ¡preséntate a la vida todos los días!

3. **No compartas** – es decir, no compartas problemas. Comparte soluciones. (Trabajo en Equipo y Alianzas de Mente Maestra) Sé una persona que dice: "Sí y ...", no una persona que dice: "Sí, pero..." cuando se le presenta una idea nueva. En realidad a nadie le interesa escuchar sobre los problemas que no has resuelto. La gente sólo se involucra cuando ve que estás superando problemas insuperables poniendo en acción soluciones creativas. Concéntrate en aquello que "puedes hacer".

4. **Proporciona motivación** – Anticipa, no te preocupes. (Visualización Creativa) Involucra tus sentidos. Esta técnica podría ser la clave para recuperar los recuerdos. Thomas Edison no tardó 20 minutos en probar el valor del foco incandescente, pero dedicó décadas de su vida buscando el filamento adecuado. Al proporcionar ánimo a quienes te rodean, utilizando detalles creativos con la promesa de que habrá más cuando se terminé un buen trabajo, involucrarás el corazón y el alma de las personas que tienen el compromiso de trabajar contigo. Y esto también funciona para ti. Protege tus apuestas; incluye en ellas recompensas crecientes para motivarte y mantenerte motivado en lo relacionado con alcanzar tu meta.

5. **Sé alegre** – La alegría acaba con la tristeza como la luz dispersa las tinieblas. (La fe aplicada). Recuerda que el miedo es la fe a la inversa. Ríete, bromea y permite que el masaje interno de la risa haga que te sientas más vivo y vibrante de adentro hacia fuera.

6. **Pregunta cómo puedes ayudar** – Dar para dar, no dar para recibir. (Fuerza Cósmica de los Hábitos). Sé cortés.

Invoca la Ley de la Compensación de Emerson. Lo que se va, regresa. Regala algo hoy a alguien que lo necesita; tal vez sólo sea una sonrisa o un cumplido, pero dalo con espontaneidad y conscientemente. Sin ataduras.

7. **Aférrate a un sueño** – (Propósito Primordial Definido) ¿Dónde está la magia? En tu interior. Probablemente en el lugar donde menos lo buscarías. El Principio de la Elección, del Propósito Primordial Definido. Localiza tu sueño, acarícialo, formula un plan para hacerlo realidad, y luego revélalo de modo que el mundo sea parte de tu plan.

Ubícate en el lado correcto de tu mente (Actitud Mental Positiva). Siente el espíritu de un sueño en tu interior (disfruta la motivación), y después tendrás éxito, con la misma certeza con la que la primavera sigue al invierno. "Si llega el invierno, ¿podría estar muy lejos la primavera?". Todos vemos la maravilla de la naturaleza de la creación externa, ¿por qué no hacemos que nuestro pequeño mundo interior sea también un mundo maravilloso?

¿Qué constituye la genialidad?

por Napoleón Hill

La mente subconsciente se apodera de cualquier deseo, plan o propósito dominantes que estén respaldados por la fe, y actúa de acuerdo a ellos.

La mente, estimulada por un deseo dominante, toma el poder directamente del subconsciente y, cuando éste se refuerza con el poder de la fe, puede crear una convicción tan fuerte que rechaza por completo la idea de una posibilidad de fracaso. Esto constituye la genialidad. Y la genialidad es algo que puede desarrollar cualquier persona que esté en posesión de sus facultades mentales normales.

Hay mucha gente que tiene la idea errónea de que hay ciertos tipos de personas en este mundo a quienes se les puede llamar genios. Los ingredientes que conforman a un genio se han descubierto en los últimos cuarenta años y ahora se sabe que las personas que a menudo se dice que poseen una genialidad poco común, en realidad no poseen poderes que tú no poseas. Invariablemente son personas que están siguiendo, a nivel consciente e inconsciente, ciertos principios básicos que son responsables de su poder aparentemente anormal. A continuación presento los ingredientes básicos de la genialidad, como los determina un análisis extenso de la vida de personas destacadas en este país.

El primer ingrediente es el tema de toda esta lección: el propósito definido. Un genio sabe lo que desea en la vida. Los genios actuales están ocupados en este momento, avanzando directamente, y con mínimo desperdicio de movimiento, hacia el logro de sus objetivos.

El segundo factor es la fe aplicada. No sólo una fe general, sino una fe aplicada; una fe que se concentra en el logro del propósito definido. El propósito definido es el fundamento en el que se basa toda fe.

El tercer factor es algo contagioso; se llama entusiasmo y deberías contagiarte de él. El entusiasmo es la expresión de cierta vitalidad dinámica en la forma en que hablas, caminas y actúas. Es el resultado de tu motivación y de tu magnetismo y energía físicos. Es la luz de tus ojos, el vibrante timbre de tu voz, el vigor de tu apretón de manos. Es el elemento que puede encender con facilidad una hoguera bajo tu deseo y literalmente hacer de él un deseo ardiente, Es una cualidad que debe controlarse, encenderse y apagarse en el momento adecuado.

El cuarto ingrediente es la imaginación, la actividad de la mente que hace posible la creación de ideas nuevas. Sin imaginación nada nuevo podría haberse creado jamás. También debe controlarse y dirigirse. Normalmente es más productiva cuando la activa un propósito o tema específico.

El quinto factor es el motivo. Ya conoces los diez motivos básicos que se que comentaron antes. Ninguna persona cuerda hace algo sin un motivo; tiene que haber una razón detrás de cada acción.

El sexto factor es la iniciativa personal, respaldada por acción intensa. Nunca serás un genio si no cultivas el hábito de hacer lo que tiene que hacerse sin esperar que alguien te diga que lo hagas. La iniciativa personal es lo que nos impulsa y debe conservarse en perfecto estado para su uso inmediato. Otra forma de definir a la iniciativa personal podría ser: La capacidad de ver las cosas como son y hacerlas como deberían hacerse.

El séptimo factor es el hábito de hacer más de lo que se espera de uno. Nunca serás un genio a menos que cultives el hábito de hacer más y hacerlo mejor de lo que se te paga por hacer, todos los días de tu vida.

El octavo factor es formar una alianza de mente maestra con otras personas. El número de personas en esta alianza depende de lo que quieras lograr. Es posible que para alcanzar tu meta en la vida no necesites más de una docena, media docena o tal vez una sola persona; pero si vas a ser un genio, tendrás que aprender a usar el poder cerebral de otras personas.

El noveno y último factor es tal vez el más importante. Quizá ya lo adivinaste. Es una actitud mental positiva. Seguramente nunca estarás entre los genios si no puedes lograr que tu mente sea positiva y mantenerla así a voluntad. Sin una actitud mental positiva, ninguno de los otros ingredientes del genio estarían a tu alcance.

Fuente: ***Curso: Actitud mental positiva la ciencia del éxito.*** Páginas 29 y 30.

TAN BUENO COMO EL ORO 32

No importa dónde estés ni cual sea la situación, siempre es importante mostrar bondad hacia otros. Nunca sabrás la enorme diferencia que esto representará y lo lejos que te llevará en la vida, si no lo pones a prueba.

—Kip Davis

¿El tratar de ser bondadoso a veces se vuelve contra ti? ¿Se te rechaza en tus esfuerzos u otros se aprovechan de ti? ¿La gente rechaza tu ayuda o te trata como si ser su sirviente fuera tu destino en la vida? De ser así, ¿cómo sabes cuándo y dónde marcar un límite para que la gente no te pisotee?

Querer ayudar, ofrecer la clase de ayuda adecuada, y no abrumar a quienes reciben tu ayuda, son tres cosas que deberías tomar en cuenta antes de iniciar tu cruzada por hacer el bien. Antes de dar, es importante entender la naturaleza de este proceso desde la perspectiva del que recibe la ayuda. Examinemos los tres pasos que se requieren para ofrecer bondad para beneficio de otros y también para nuestro beneficio.

1. **¿Por qué deseas ayudar?** Al responder a esta pregunta, asegúrate de que tu motivo sea en verdad altruista y no tenga intenciones ocultas. Demasiado a menudo, las personas tienen motivos egoístas detrás de su deseo de hacer el bien, y esto les niega el "karma" que los motivos generosos podrían generar. Por ejemplo, si estás actuando bondadosamente por una ganancia personal inmediata, tu bondad se ve disminuida porque el receptor no obtiene todas las ventajas de tu generosidad. Si lo primero que haces es ver: **¿Qué ventaja puedo yo sacar?,** no das por

dar, sino que das para recibir. Si siempre piensas primero en el receptor y en la forma en que le estás ayudando, deberías ser capaz de eliminar cualquier motivo egoísta, o al menos dejarlo en segundo plano.

2. **¿Cuál es el tipo adecuado de ayuda?** Si sólo miras las cosas desde tu perspectiva puedes meterte en problemas. Lo que podría ser correcto para ti podría ser totalmente incorrecto para otra persona. Por ejemplo, cuando supones que alguien necesita tu ayuda, es mejor verificar primero para ver si en realidad la necesita. Cuando se toman en cuenta las preferencias, las personas muchas veces prefieren hacer las cosas a su manera y no a tu manera. Por ejemplo, conducir un auto. Tú podrías preferir la carretera interestatal para llegar rápido a tu destino, pero tal vez tu compañero prefiere los caminos secundarios para disfrutar del paisaje y relajarse. ¿Quién está en lo correcto? Los dos. Si llevas a alguien en tu coche a algún lugar, considera la posibilidad de seguir su ruta en lugar de la tuya. Así, ambos se beneficiarían del paseo.

3. **¿Estás abrumando al receptor?** El reloj interno de cada persona es diferente. Lo que podría parecer oportuno para ti, podría parecer incongruente para alguien más. Mide tu bondad basándote en la respuesta del receptor. No asfixies a una persona con tu generosidad sólo porque eso hace que tú te sientas bien. En lugar de eso, guíate por la persona que recibe tu ayuda. Si te hace sentir que ya es suficiente, detente. No sigas adelante porque entonces no estás siendo bondadoso, estás siendo impositivo y ser impositivo indica que estás centrado en ti mismo, no refleja bondad. Debes saber cuándo ya es suficiente.

Al aplicar estas pequeñas reglas prácticas al mostrar tu generosidad, estarás actuando a favor de los intereses de la otra persona, no a favor de tus intereses. Y eso es bondad en acción. Como dice el dicho: "Si quieres tener un amigo, actúa como un amigo".

Estímulos eficaces

por Napoleón Hill

La amistad de otros puede ser un gran estímulo. Hay personas que piensan mejor cuando abordan los problemas junto con otras personas. La amistad puede ser una fuente de ideas nuevas, de puntos de vista variados y de apoyo intelectual y moral. Como fuente de risa, la amistad es un potente inhibidor del estrés. La risa produce un cosquilleo en todo el cuerpo y ese cosquilleo llega a cada célula dándole nueva vitalidad.

Una relación cercana y cálida entre un padre y su hijo tiene una asombrosa influencia en la formación del carácter del hijo. Es lamentable que los padres no sean capaces de dedicar más tiempo y energía para desarrollar este tipo de relación.

La amistad que a veces existe entre quienes aman la vida salvaje y las aves y animales salvajes es algo de lo más profundo. La mayoría de las criaturas de la selva reconocen instintivamente a las personas que aman la vida salvaje y voluntariamente les muestran confianza.

Detrás de la palabra amistad hay algo más que una mera relación social entre las personas. La amistad ayuda a unir más de cerca las almas de los hombres. Desarrolla confianza, inspira valor, entusiasmo, imaginación e iniciativa personal, como ninguna otra cosa.

Las alianzas de mente maestra son estímulos mentales poderosos. Se muestra evidencia de esto en el hecho de que hay más hombres de éxito en las actividades de la vida donde existen este tipo de alianzas.

El poder potencial que puede alcanzarse mediante el principio de la mente maestra se muestra en la medida en que une las mentes de muchos individuos y concentra su poder combinado en el logro de una finalidad definida. También proporciona los medios con los que los otros 16 principios de esta filosofía pueden organizarse y dirigirse como una sola fuerza para el logro de cualquier objetivo que se desee.

El principio de la mente maestra es el medio a través del cual los estímulos de muchas mentes pueden combinarse y dirigirse hacia un fin definido. Por lo tanto, está entre los estímulos más poderosos de la mente.

El sufrimiento mutuo, en momentos de gran emergencia, proporciona un estímulo mental de gran magnitud. El sufrimiento mutuo tiene el efecto de hacer que las personas consoliden su poder mental, mediante el principio de la mente maestra, y lo dirijan a aliviar su sufrimiento.

La autosugestión es el medio con el que todo individuo estimula su mente continuamente. Por desgracia, la mayoría de los estímulos que llegan a la mente de la persona promedio mediante la autosugestión son de naturaleza negativa. Constan de pensamientos sobre las condiciones y las cosas que uno no desea: miedos, preocupaciones, odios, envidia, codicia y superstición.

Fuente: ***Actitud Mental Positiva la Ciencia del Éxito.*** Páginas 455 y 456.

TAN BUENO COMO EL ORO 33

Todos los días, en realidad sólo tenemos una elección que hacer. Y esa elección es: ¿Estoy haciendo o diciendo esto motivado por el amor o por el miedo?

—Brad Justice

No es demasiado tarde en el año para que revises tus metas y consideres cuánto has progresado. Hoy es un momento tan favorable para iniciar algo nuevo como lo fue el primer día del año. ¿Por qué no te das un empujoncito y entras en acción en relación con una meta que se está desvaneciendo, y que has estado cultivando pero en realidad no has impulsado con intensidad de propósito? No tiene que ser un gran impulso, sólo una acción inmediata para hacer que avances en el camino hacia el éxito. Podría ser un juego que tengas contigo mismo y que podría ser tan sencillo como poner monedas en tu alcancía, y decidir que lo que ahorres lo usarás para unas vacaciones especiales, o podrías abrir una nueva cuenta de ahorros en la que inviertas una porción de tu salario semanal para financiar un sueño lejano. No importa si tu meta es grande o pequeña, si empiezas hoy, la alcanzarás más pronto. Rétate a dar un paso hacia tu futuro poniéndote en acción todos los días para que una meta se acerque más a la realidad.

"Si no haces planes, tus planes fracasarán", esta es una frase que vale la pena meditar. Planificar no necesariamente es difícil, pero muchas personas no lo hacen porque temen poner algo por escrito. Por el solo hecho de poner algo por escrito, empiezas a pasar de la etapa de desear a la etapa de hacer. Esta sencilla acción le da a entender a tu mente subconsciente que estás confirmando tu meta y tienes la esperanza de que algo va a suceder. Al planificar y visualizar tus metas, creas un patrón de conducta que cuando se repite crea en tu cerebro un nicho que te lleva a tu objetivo final. Tal vez se requieran cien o mil repeticiones, pero cuando esto en realidad ocurre, parecerá que fue espontáneo. Viéndolo en retrospectiva, tú siempre supiste que sucedería, pero primero tuviste que sembrar, cultivar y ver crecer la idea en los confines de tu mente subconsciente, antes de que pudiera florecer y hacerse realidad.

A continuación presento una pequeña idea tomada de un poema que cita Napoleón Hill. Sujeta los remos, hazte a la mar y ordena tu destino.

No esperaré la llegada de mi barco
que navega en algún mar desconocido,
sino que me construiré una nave
y me haré a la mar con el continuo golpear de la lluvia.
Navegaré con energía
hasta llegar a puertos donde pueda encontrar
la carga que otros están esperando,
y atesoraré las ganancias que la marea y el viento
tienen para los espíritus que se alejan de la costa.

— John Kendrick Bangs

Fondo para la independencia

por Napoleón Hill

Esta es la historia de un joven que no podía conseguir una respuesta de su jefe a pesar de sus constantes esfuerzos por aplicar el principio de dar más de lo que se esperaba de él y practicar la *Regla de oro*. El joven decidió sensatamente decirle a su jefe que contratara a otra persona para que tomara su lugar. Pero se estaba viviendo una depresión y él no podía darse el lujo de hacer esto hasta haber ahorrado algo de dinero. A lo largo de todo un año, él y su esposa fueron frugales y ahorraron hasta reunir unos dos mil dólares en el banco. Entonces, el joven hizo exactamente lo que había estado planeando durante ese largo año de sacrificio.

El joven salió de esa empresa, consiguió otros ingresos y estableció un negocio propio, como competidor de su antiguo jefe. Le fue bien. Ahora en su planta existe la tradición de que cada nuevo empleado debe tener una entrevista con él antes de empezar a trabajar. Durante la entrevista, le narra la historia de cómo se inició en los negocios. Le dice al nuevo empleado: "Si tienes el potencial que creemos que tienes y que esperamos que tengas, inevitablemente llegará el momento en que sentirás el impulso de decirme que deseas irte, y eso por supuesto, será nuestra despedida. Pero yo deseo que estés preparado para hacerlo cuando esa sensación llegue a ser tan fuerte que no puedas resistirla, así que quiero que abras una cuenta de ahorros de inmediato y te encargues de depositar en ella un porcentaje de tu salario cada vez que cobres. Podrías llamarlo tu fondo de independencia, y eso hará que sea más divertido ahorrar".

Podrías buscar en vano, por todo el mundo, un grupo de empleados con más armonía, y con un verdadero respeto hacia su jefe. Todos tienen su fondo privado de independencia y podrían salir de la empresa en cualquier momento en que las condiciones garantizaran que esa decisión es la adecuada. Pero el jefe lo sabe y trata a sus empleados con el respeto que merecen, para no perder a estos hombres tan valiosos. Se encarga de no darles una excusa legítima para abandonarlo.

Esta historia le da un ligero cambio al principio de hacer más de lo que se espera de uno, debido a una sensación mutua de independencia y orgullo. El resultado es un alto desempeño por hombre, mayores ingresos para la empresa, salarios más altos para los empleados, y una organización en la que no podría penetrar ningún "ismo", excepto el americanismo.

Fuente: ***Curso: Actitud mental positiva la ciencia del éxito.*** Páginas 153 y 154.

TAN BUENO COMO EL ORO 34

Los oficiales deportivos y los árbitros, por la naturaleza de su vocación, deberían ser estudiantes ejemplares del Dr. Hill.

—Rich Winograd

Como nación, Estados Unidos de América es excelente para transformar el fracaso en un recurso valioso. Lo que determina el futuro de la nación no son las derrotas que se experimentan, sino los fracasos que se superan. En cada derrota hay una lección. Como nación avanzamos cuando aprendemos, no sólo a enfrentar las tormentas, sino a sacarles provecho.

Lo mismo puede decirse de nuestros defectos. Existe una lección en cada adversidad. Cuando algo sale mal, la mejor respuesta es enfrentarnos a la derrota y mirarla directamente a los ojos. Incluso podríamos reconocer al "enemigo"; un adversario conocido es mejor que uno espectral. Una vez que le damos un nombre, podemos empezar a analizar cómo puede remediarse la situación.

Parte de aprender de la adversidad y la derrota se relaciona íntimamente con la causa de la desgracia. Si conocemos la causa podemos predecir los resultados. La situación actual podría estar demasiado mal para una intervención, pero las situaciones futuras están abiertas acciones que podrían cambiar el resultado de negativo a positivo. Por esta única razón, es bueno examinar nuestras derrotas para cambiar la pauta de nuestros resultados.

Históricamente, los países que sobreviven examinan sus opciones. Los errores futuros pueden evitarse, y el pasado puede ser una experiencia de aprendizaje, no una sentencia de muerte.

Cambiando los pensamientos que dominan tu mente, puedes cambiar las tendencias a tu favor, y un país puede hacer lo mismo. Al incrementarse nuestra capacidad consciente, nuestras respuestas también se incrementan. Lo que antes era habitual y estaba condicionado, puede llegar a ser reflexivo y de alto nivel. Cuando una persona decide detenerse y pensar, muchas otras podrían seguir su ejemplo, y así nacería un nivel de conciencia más alto.

Para empezar, considera las elecciones que haces. ¿Son al azar, son habituales o son reflexivas? Cuando una elección es reflexiva, podemos conectar nuestro pensamiento con nuestro destino. Este no es un nivel de conciencia bajo. Saber que llegamos a ser aquello en lo que pensamos, no sólo puede cambiarnos la vida, sino la vida de todos los habitantes de este planeta. Podemos lograr un mejor futuro gracias a nuestros pensamientos, enfrentando una derrota tras otra y analizando por qué ocurrieron en primer lugar. Primero piensas y luego actúas, este es un axioma que debemos seguir. Intenta ponerlo en práctica. Tu vida mostrará la diferencia.

Fracaso y adversidad

por Napoleón Hill

El fracaso y la adversidad han llevado a muchos hombres a oportunidades que no habrían reconocido en circunstancias más favorables.

La actitud mental de una persona con respecto a la derrota es el factor más importante para determinar si viaja con la corriente de la fortuna en el Río de la Vida o si será arrastrado al lado del fracaso por las circunstancias de la desgracia.

Las circunstancias que separan el fracaso del éxito a menudo son tan imperceptibles que su verdadera causa se pasa por alto. A menudo sólo existen en la actitud mental con la que uno enfrenta la derrota temporal. El hombre que tiene una actitud mental positiva reacciona a la derrota con el espíritu de determinación de no aceptarla. El hombre que tiene una actitud mental negativa reacciona a la derrota con un espíritu de aceptación desesperada.

El hombre que conserva una actitud mental positiva podría tener cualquier cosa en la vida que desee su corazón, siempre y cuando eso no esté en conflicto con las leyes de Dios y los derechos de sus semejantes. Es probable que experimente muchas derrotas, pero no se rendirá ante la derrota. La transformará en un escalón a partir del cual pueda elevarse a zonas de logro cada vez más altas.

El tema de la actitud mental positiva es tan importante que no sólo tuvo el primer lugar en la lista de las doce riquezas de la vida, sino que se le tuvo que incluir como una parte importante del principio de la personalidad agradable, y se ha mencionado prácticamente en todos los principios de este curso.

Una actitud mental positiva es parte esencial de la llave que abre la puerta a la solución de todos los problemas personales. La calidad mágica de esta llave es lo que hace posible que atraiga el éxito como un electroimán atrae limaduras de hierro.

Todo el secreto de la fórmula con la que puedes transformar la derrota en un recurso valioso yace en tu habilidad para conservar una actitud mental positiva a pesar de tu derrota.

Fuente: ***Curso: Actitud mental positiva la ciencia del éxito.*** Páginas 395 y 396.

TAN BUENO COMO EL ORO 35

Aprendí a hacer que mi meta fuera específica y pequeña. Aprendí a trabajar en ella dando sólo un paso a la vez y a lograrla LIGERAMENTE.

—Hansong Zhang

Como seguramente te has dado cuenta, la filosofía de Napoleón Hill tiene un alcance y una distribución internacional. Lo recuerdo todos los días cuando mi asistente técnico, Guang Chen, se presenta a trabajar. Nació en Shangai, China y ahora vive, con su esposa Jing, en Hammond, Indiana, mientras ella termina su posgrado en la Universidad Purdue Calumet. Alan "Guang" Chen ha estado trabajando para el Centro Mundial de Aprendizaje Napoleón Hill desde que estaba en su posgrado en ingeniería. Este semestre tenemos en el campus cientos de estudiantes chinos cuyo objetivo es obtener un título universitario, y al mismo tiempo están conociendo nuestra cultura estadunidense. Muchos de estos estudiantes están aprendiendo la filosofía del Dr. Hill porque conocieron los Principios del Éxito en China, y les dio gusto saber que aquí también se enseñan.

Hansong es uno de estos estudiantes. Es un estudiante entusiasta cuando se trata de temas avanzados y además se ha graduado de varios de nuestros cursos. Su meta es aprender tanto como le sea posible sobre todas las filosofías de motivación en el área de autoayuda. Se esfuerza mucho por llevar las enseñanzas del Dr. Hill a su vida diaria. Al extraer la esencia de la filosofía, Hansong puede relacionar su cultura oriental con el pensamiento occidental. No puedo evitar pensar que él está acumulando riquezas que usará el resto de su vida. Me causó asombro ver la forma en que integra las ideas relacionadas con lo que las enseñanzas del Dr. Hill hacen por el individuo. Hansong no sólo es inteligente y culto, sino que también tiene un enfoque práctico hacia la vida.

Como Alan les enseña a los estudiantes chinos el Curso de las Llaves para el Éxito en su propio idioma, estos jóvenes se están preparando para una vida que será rica y plena. Es una ventaja que yo quisiera que todos los estudiantes buscaran. No es importante que gran parte de la filosofía de Hill se considere como sentido común, lo que es importante es que no sólo la entendamos, sino que la apliquemos. Tal vez eso es lo que hace que un país supere a otro.

En esta economía global y en este mundo globalizado, sería muy provechoso que todos practicaran un poco de sentido común, un poco de cortesía común, un poco de tacto común que los llevara a una vida poco común. Hansong y Alan han encontrado los principios que les ayudan en su camino hacia el éxito. ¿Qué podemos decir de los demás jóvenes? ¿No ha llegado el momento en que alguien les pida que se sienten y les hable de estos principios? Tal vez puedes empezar a hacerlo en casa, y luego expandirte a tu comunidad local. Si cada persona le enseña esto a otra, la filosofía se expandirá a nivel exponencial y el mundo llegará a ser un mejor lugar, pues estaremos llegando a un estudiante a la vez.

Una advertencia importante
por Napoleón Hill

Guarda estrictamente para ti mismo tu meta en la vida y tus planes para alcanzarla. No hables de ello ni se lo digas a nadie, excepto a los miembros de tu alianza de mente maestra, y por supuesto, a tu instructor en el curso. Una razón para mantener esto en secreto es que el hecho de hablar continuamente sobre tu objetivo y sobre tus planes con personas a quienes en realidad no les interesan, disipa tu poder. Recuerda esta frase: *El vapor que hace sonar el silbato nunca va a poner en marcha el motor.*

Observa una tetera hirviendo sin cesar en una estufa de la cocina. Está disipando su potencia. Si pudieras tapar el pico de la tetera con un corcho y sujetar su tapa, la presión del vapor que se acumulara la haría explotar. Debes respaldar tus propósitos y planes con este tipo de vapor, y evitar que se desperdicie en palabrería ociosa.

Otra razón, que es incluso más importante para no hablar de lo que intentas hacer, es que revelar tus planes a personas que no están de acuerdo contigo, les da las armas que necesitan para derrotarte. Las personas que están motivadas por los celos, la envidia y otros pensamientos negativos aprovecharán con gusto cualquier oportunidad de burlarse de ti y de tu propósito definido. No permitas que se diviertan a costa tuya. No te expongas a su influencia negativa y desalentadora. Por desgracia, los miembros de tu familia inmediata podrían ser a veces los que se aprovechan de la confianza que les tienes y desaprueban tus ideas de mejoramiento personal.

En este mundo hay personas que no tienen nada que hacer excepto quedarse a la orilla del camino de la vida y meterle el pie a la gente para verla caer, y si descubren qué camino vas a tomar, podrían estarte esperando. Si no les dices hacia dónde te diriges, no estarán ahí para hacerte caer. Recuerda la importancia de tener presente, a nivel consciente, tu meta en la vida y tus planes para alcanzarla, y de hacerlo tan frecuentemente como sea práctico para ti. Come con tu meta y tus planes en mente; duerme con ellos en mente; y llévalos contigo a donde quiera que vayas. Recuerda que en esa forma puedes influir en tu mente subconsciente para que trabaje en el logro de tu meta mientras duermes. *¡Concentra tu mente en aquello que deseas y aléjala de aquello que no deseas!*

Fuente: ***Curso: Actitud mental positiva la ciencia del éxito.*** Páginas 44 y 45.

TAN BUENO COMO EL ORO 36

El dar empieza con la manera en que prestas servicio a quienes trabajan en tu organización, y luego eso se irradia hacia otras personas a quienes prestas servicios como parte de tu misión.

—John Hope Bryant

Este asunto de dar antes de recibir sigue sorprendiendo y confundiendo a muchas personas. A menudo me preguntan cómo es esto posible. Las personas continuamente dicen que no pueden dar antes de recibir porque no tienen ahorros de los cuales tomar algo de dinero para hacer contribuciones de caridad. Argumentan que deben acumular una gran reserva antes de hacer tipo alguno de contribución a las obras de caridad o a los programas de su elección. Cuando se les pide una contribución usando los fondos que ya tienen, se muestran aún más inflexibles en cuanto a esperar hasta tener un excedente del cual tomar el dinero. Esto fomenta la necesidad de acaparar y no la necesidad de crear un flujo próspero del que todos se beneficiarían.

El Centro Mundial de Aprendizaje Napoleón Hill recibió recientemente un donativo de la empresa OrGano Gold International, con la promesa oficial de donativos mayores. Están aceptando la filosofía de "pagar para avanzar" e incluso han incorporado este concepto a su misión como organización. Ellos no se concentran en "cuándo" llegar a sus metas financieras, sino en el "momento actual", conforme desarrollan su empresa. Este concepto de "principios que van de la mano con ganancias" o de un liderazgo que se basa en valores, no es un concepto único a nivel teórico, sino a nivel práctico. En lugar de sacar de sus reservas, la organización OrGano Gold hace donativos de sus resultados y balances finales con la intención de hacer de los donativos una parte integral de su misión como empresa. Dar no es una idea de último momento, sino un auténtico principio de su plan de acción, como se expresa en la declaración de su misión, tal como la han publicado. Tienen la creencia de que dar antes de recibir estimula el flujo de negocios en la empresa y que al final compensa a todos mucho más que el hecho de dar tomándolo de lo que sobra o de la reserva.

Napoleón Hill menciona este mismo concepto en su filosofía del éxito. El Dr. Hill afirma que al crear tu plan de éxito con los seis pasos que él menciona en *Piense y hágase rico,* debes dar antes de recibir, y que además debes dar en proporción con lo que esperas recibir. ¿Cuántas personas podrías nombrar que hacen eso? Si puedes nombrar a alguien, también podrías considerar el nivel de su éxito. Recuerda que el éxito se alcanza en equilibrio. La riqueza financiera sólo es un indicador de éxito. Y otros indicadores de éxito, como la paz mental, una actitud mental positiva, buena salud física y armonía en las relaciones humanas, están por encima de la seguridad financiera.

Mantengamos nuestra visión clara y enfocada, y no tracemos nuestro curso basándonos en lo que esperamos recibir, sino en la forma en que podemos contribuir.

El privilegio de entregar un servicio excelente

por Napoleón Hill

En una ocasión, Henry Ford habló de un joven que fue a verlo para pedirle trabajo, y mientras hablaban sobre su salario el joven no podía mencionar una cantidad definida; parecía indeciso. El Sr. Ford le sugirió que se presentara a trabajar y que a fin de mes se le pagaría de acuerdo al valor de sus servicios. Repentinamente, el joven exclamó: "¡Pero ya estoy recibiendo más que eso!". Sin duda en esa ocasión le dijo la verdad.

Debes hacer aquello por lo que se te paga con el fin de conservar tu trabajo, *¡pero tienes el privilegio de entregar un servicio adicional como un medio para acumular una reserva de crédito y de buena voluntad que te da derecho a un salario más alto y a una mejor posición!* Si no entregas este servicio adicional, no tienes ningún argumento a tu favor cuando pides un mejor puesto y un salario más alto. Reflexiona esto y tendrás la verdadera respuesta a esta pregunta: "¿Por qué vale la pena hacer más de lo que se exige de ti?".

Es importante señalar el error demasiado común de confundir tus necesidades financieras con lo que exiges como salario. Si tienes hábitos extravagantes y administras tus asuntos de dinero en forma tan deficiente que no puedes vivir con el salario que ganas, considera seriamente que tal vez ahora estás recibiendo el valor total de los servicios que estás entregando. Recuerda que tanto los ejecutivos como los empleados deben observar ciertos datos básicos sobre la economía. Ciertos tipos de servicio reciben los altos salarios que les corresponden, y desde el punto de vista de la economía no sería sensato excederlos. Si el tipo de servicio que estás entrenado para entregar no te produce la compensación que sientes que necesitas, entonces deberías considerar la posibilidad de cambiar de ocupación. Si te gusta el trabajo que estás haciendo, tal vez hay en él un área en la que puedas entregar un mayor servicio y así justificar tus expectativas de tener mayores ingresos. Algo es seguro: *Si nunca haces nada excepto lo que se te paga por hacer, nunca te pagarán por más de lo que haces.*

Fuente: ***Curso: Actitud mental positiva la ciencia del éxito.*** Páginas 158 y 159.

TAN BUENO COMO EL ORO 37

Cuanto más grande sea el deseo de un nuevo hábito o de un cambio, más rápido se responsabilizará el subconsciente de hacer que ese comportamiento deseado se transforme en un hábito inconsciente.

—Francisco Mendoza

Hay un poema que lleva el título de "Mi Reino", escrito por Louise May Alcott, y que dice:

Mi Reino

Poseo un pequeño reino,
donde moran los pensamientos y los sentimientos;
y me es muy difícil la tarea de gobernarlo bien…
No pido una corona,
sólo lo que yo pueda ganarme;
no trato de conquistar ningún mundo,
excepto mi mundo interior.

Al reflexionarlo, este poema nos recuerda que antes de poder corregir al mundo, debemos corregir al hombre, antes de que podamos cambiar al mundo, tenemos que cambiarnos a nosotros mismos y antes de que podamos gobernar a otros, primero tenemos que demostrar la capacidad de estar al mando de nosotros mismos.

Cada uno de nosotros es un gobernante potencial en nuestro propio reino y los súbditos que debemos gobernar son nuestras pasiones, nuestros deseos y nuestros miedos. Cuando esto se logra, en verdad podemos decir que somos gobernantes del mundo, de nuestro pequeño mundo personalizado en el que vivimos solos todos los días de nuestra vida. Y ese definitivamente es el mundo más importante en el que vivimos porque si no estamos contentos, si no somos felices, productivos y si no somos capaces de darnos aliento, ¿cómo podríamos servir a otros?

Al mirar a nuestro interior, será mejor que entendamos la filosofía del éxito. El Dr. Hill afirma: "Con una fuerza de voluntad llena de determinación, puedes cerrar la puerta a cualquier recuerdo indeseado, y abrir la puerta a la oportunidad en la dirección que desees. Si encuentras que es difícil abrir la primera puerta, intentarás abrir otra, y así sucesivamente, hasta que encuentres una por la que puedas entrar". Y añade: "Un propósito definido es el inicio de todo lo que el hombre logra. La fuerza de voluntad, con autodisciplina, mantiene al hombre en marcha hasta que logra sus propósitos. Ahora tienes la llave. ¿Qué vas a hacer con ella?".

El Dr. Hill siempre nos recuerda que cuando estemos listos para el "secreto", aparecerá la llave maestra. ¿Podría la llave maestra ser tan sencilla como la autodisciplina? ¿Este principio abre la puerta hacia el éxito? Sólo verifica el registro de cualquier historia de éxito y ve si la persona que estás investigando tenía autodisciplina. No creo que te sorprenda lo que vas a descubrir. Este principio podría ser tu llave maestra hacia el éxito. ¡Pero sólo si la usas!

Elementos incontrolables del proceso del pensamiento

por Napoleón Hill

Hay cuatro elementos en el proceso de pensamiento que el individuo no puede controlar directamente. Puedes adaptarte a ellos, pero no puedes controlarlos.

El primero es la Inteligencia Infinita. Esto se explicará más a fondo en el principio de la Fuerza Cósmica del Hábito. No puedes imponerle disciplina a la Inteligencia Infinita. Según las mejores pruebas y evidencias a las que tenemos acceso, es la fuente de toda la energía del pensamiento.

La mente subconsciente. Esta parte de la mente no está sujeta al control del individuo. Es el vínculo entre la mente consciente del hombre y la Inteligencia Infinita. Nadie puede imponerle disciplina. Trabaja a su manera... su función más importante es apoderarse de los pensamientos dominantes de la mente consciente y dominarlos.

Una característica peculiar de la mente subconsciente es que no recibe órdenes de la mente consciente. Sólo actúa bajo las órdenes de las emociones. Esta es otra razón para ejercer autodisciplina sobre sus emociones. La mente subconsciente sigue las instrucciones de las emociones negativas con la misma velocidad con la que sigue las órdenes de las emociones positivas. No se esfuerza por distinguirlas. El único control que tienes sobre el subconsciente se adquiere ejerciendo autodisciplina para imprimir en tu subconsciente tu propósito primordial definido.

El tercer factor incontrolable de la mente es el sexto sentido o la telepatía. Es la estación transmisora y receptora de los mensajes que viajan como vibraciones por encima de los mensajes que perciben los sentidos. Es obvio que no están sujetos al control, excepto en forma muy limitada, cuando la mente recibe el estímulo de una relación de mente maestra.

El cuarto factor incontrolable se relaciona con los cinco sentidos normales de vista, el olfato, el gusto, el oído y el tacto. Podrían engañarte. Vemos ejemplos de esto en las películas, en los actos de magia y en la rapidez con que un vaquero desenfunda su arma, cuando la mano es más rápida que la vista. Es necesario verificar constantemente los hallazgos de estas extensiones de nuestras facultades mentales, sometiéndolas al juez principal del tribunal de la razón. Se les impone disciplina mediante hábitos voluntarios.

Fuente: ***Curso: Actitud mental positiva la ciencia del éxito.*** Páginas 289 y 290.

TAN BUENO COMO EL ORO 38

Albert Einstein dijo en una ocasión: "Cuando una persona tiene suficiente motivación, la disciplina se encarga de sí misma".

—Justin Savich

Conviene captar todo el panorama de lo que contiene exactamente la filosofía del Dr. Hill, de modo que podamos recordar que para tener un éxito del más alto nivel necesitamos incorporar a nuestra vida todos y cada uno de sus principios. Los puntales como el Propósito Definido, la Alianza de Mente Maestra, la Fe Aplicada y Hacer más de lo que se Exige de Nosotros, son los ingredientes esenciales, pero no podemos hacer a un lado los otros 13 principios si queremos alcanzar la máxima efectividad. Son algo más que la cereza en el pastel. Cada uno de ellos es tan importante como los Cuatro Grandes, y los complementan y amplían.

Hoy en día en las escuelas lo que se busca es el aprendizaje basado en la experiencia. Como probablemente sabes, no hay nada nuevo bajo el sol. El aprendizaje basado en la experiencia es simplemente aprender **haciendo**, o para expresarlo mejor, **aplicar** lo que se aprende. Aprender algo con el fin de hacerlo mediante la aplicación vincula la lección con el estudiante, de la misma manera en que una embarcación queda unida a un muelle al echar amarras. Esta ancla actúa como un vínculo con el resultado que deseas alcanzar. Como todos sabemos, ¡la repetición es la clave! La repetición crea el hábito, y nuestros hábitos crean nuestro destino.

El problema que encontramos en la vida real es cómo hacer que algo que es filosófico sea también pragmático y útil en nuestra vida diaria y en el trabajo. El Dr. Hill nos dice que la respuesta está en introducir emociones en el resultado, pero eso también podría representar un problema si no somos capaces de despertar nuestras emociones con facilidad.

Tomando en cuenta lo anterior, he creado con el apoyo de mi equipo, un instrumento de aprendizaje que combina los principios del éxito con música e imágenes en una meditación pedagógica de treinta minutos. Chris Lake, que es asesor diseñador, puso al artista Mike Telapary y al pianista Antonio Castillo de la Gala en contacto con la descripción que hace el Dr. Hill de cada uno de los 17 principios, y el resultado es mágico.

Te garantizo que si te sientas frente a tu computadora y escuchas y contemplas esta meditación atentamente durante 21 días consecutivos, lo que se presenta en ella te causará un gran impacto. Deja que tu mente entre en un estado tranquilizador y meditativo, y permite que la transformación llene tu mente, deja que primero forme parte de tu capacidad consciente y, al paso del tiempo, de tu subconsciente. Sugiero que hagas esta meditación en la mañana, al iniciar tus actividades del día, para que puedas armonizarla con los principios del mundo real.

¿Te interesa? Todas las ventas de la *Meditación sobre principios del éxito* son a beneficio los Programas Educativos del Centro Mundial de Aprendizaje Napoleón Hill. Puedes pedir la tuya hoy poniéndote en contacto con Alan Chen, nuestro especialista en medios. Puedes enviarle un correo electrónico a guangc@hotmail.com. Él te ayudará a decidir el formato que mejor responda a tus necesidades. Por la inversión nominal de 19.95 dólares, el beneficio será invaluable.

Cómo desarrollar tu deseo ardiente

por Napoleón Hill

La mente subconsciente toma cualquier idea, plan o propósito dominante que mantengas vivo en la mente consciente mediante la repetición del pensamiento y que cargues de emociones teniendo un deseo ardiente de que se hagan realidad, y actúa en relación a ellos mediante cualesquier medios naturales y lógicos que pudieran estar a su alcance.

Es significativo que lo único sobre lo que tienes todo el derecho de ejercer control en todo momento es tu propia actitud mental. Tener derecho a controlar algo significa que puedes controlarlo. No significa que de hecho lo controlas. El propósito de esta lección y de otras en esta serie, es enseñarte a ejercer este derecho en forma habitual.

Más o menos estás familiarizado con la idea de que la mente tiene dos divisiones: la mente consciente y la mente subconsciente. Esta es una breve explicación: La mente consciente es donde ocurre el razonamiento y el pensamiento. Es donde se delibera y donde se sopesan los hechos. La mente consciente es capaz de analizar la información y los datos que se le presentan, y una de sus funciones es actuar como guardián del pasaje que llega al subconsciente. La mente consciente es la parte de la mente con la que vas a elegir tu meta en la vida, como resultado de la experiencia. La mente consciente de los niños recién nacidos puede compararse con un disco en el que se van a grabar las lecciones que se aprenden a través de los canales de percepción de los cinco sentidos: la vista, el oído, el tacto, el olfato y el gusto. También se puede comparar con una película de cine que no se ha expuesto y que está lista para recibir las imágenes de las percepciones que llegan a través de los cinco sentidos.

La mente subconsciente es la parte natural y no cultivada de la mente, que se incluye como equipo estándar en el momento de nacer. No piensa, no razona ni delibera. Actúa en forma instintiva respondiendo a las emociones básicas de la humanidad, de las que ya se habló antes en esta lección. Estos impulsos o ímpetus básicos a la acción son comunes a todos los seres humanos. Son similares en todos ellos; por eso podemos entenderlos y usarlos. Las diferencias en las personas que nos rodean provienen de las diferentes formas en que ellas han educado a su mente consciente. A nivel subconsciente, hay muy pocas diferencias individuales.

Para ilustrar el poder potencial de la mente subconsciente, daremos algunos ejemplos con los que estás familiarizado. La mente subconsciente podría compararse con un automóvil, mientras que la mente consciente podría compararse con el conductor. La potencia está en el automóvil, no en el conductor. El conductor aprende a liberar y controlar la potencia del motor. De la misma manera, una persona puede aprender a tener acceso a la potencia de la mente subconsciente y dirigirla a los canales de su elección. La mente consciente es el arquitecto; la mente subconsciente es el gran almacén de dónde van a pedirse los materiales para el proyecto que está en construcción. La mente consciente crea el plan y decide lo que va a hacerse. La mente subconsciente desarrolla la potencia para hacerlo.

En realidad, ninguno de nosotros sabe mucho acerca de la mente subconsciente. Sin embargo, sabemos cómo funciona. Sabemos que tenemos en la mente cierta característica que actúa en gran medida como una película sensible en una cámara fotográfica. Puede recibir cualquier imagen que le transfiera la mente consciente bajo la influencia de una fuerte emoción. La mente consciente actúa como la lente de la cámara mental. Recibe los rayos de luz que refleja el objeto que tú deseas y los concentra en un punto central. Captar buenas imágenes con esta cámara es como captarlas con cualquier otra cámara; el enfoque debe ser nítido, debe haber buena exposición, y el tiempo debe ser correcto.

Fuente: ***Curso: Actitud mental positiva la ciencia del éxito.*** Páginas 26, 27 y 28.

TAN BUENO COMO EL ORO 39

En cuanto creí que podía llegar a ser rico, cambió mi punto de vista.
—Koren Motekaitis

Es bueno haber recibido una educación. Si te ha instruido bien sabes leer y sacar de los materiales que lees información que es útil en tu propia vida. Yo creía tanto en la lectura y en los resultados positivos que se tienen por el hecho de poder leer y digerir el material, que fui especialista en la lectura al inicio de mi carrera en el campo de la educación. Yo quería saber todo lo relacionado con ayudar a los estudiantes a leer mejor y a aprender a tomar información de un texto. Estudié un curso de "Lectura de Contenido Académico" en el que aprendí técnicas que entrenan a la persona a captar el máximo significado de un libro, un capítulo, un poema, un manual o lo que esté estudiando. Aprendí datos valiosos que me ayudaron a ser capaz de extraer información de cualquier texto que yo quisiera leer. Y lo que es más importante, pude ayudar a mis estudiantes a hacer lo mismo.

Existe también otro tipo de educación e instrucción conocido como cultura financiera. Es tan importante como saber leer y escribir. La cultura financiera contiene los fundamentos básicos para conservar el dinero que uno gana a lo largo de la vida. Muchos estudiantes se muestran renuentes a aprender la cultura financiera porque tal vez tengan la idea de que no están destinados a ser ricos. La riqueza puede tener una connotación negativa cuando no se entiende adecuadamente. En una ocasión un profesionista me dijo que él no leía *Piense y hágase rico* porque según su punto de vista el título del libro era repugnante. Cuando le expliqué que la idea era que el título estimulara el pensamiento y que el Dr.

Hill no sólo hablaba de riquezas financieras, él decidió recapacitar. Admitió que sus creencias le habían impedido leer un libro que más tarde llegó a cambiar su vida.

En la Biblia leemos que "el amor al dinero es la raíz de todo mal". A menudo, al citar esta frase, se resta importancia a la palabra "amor" y en ocasiones se omite, de modo que esta frase se lee incorrectamente como "el dinero es la raíz de todo mal". El dinero no es algo que se acumula o que se derrocha. Si se usa con sabiduría y sensatez, puede producir muchas circunstancias positivas en el mundo. Tener cultura financiera es otra forma de decir que uno conoce el lugar que tiene el dinero en su vida y sabe cómo usar mejor este recurso para su bien y el bien de otros.

En primer lugar debemos entender que todo conocimiento puede ser un recurso valioso, pero sólo si sabemos cómo aplicarlo. Si nuestra vida no tiene equilibrio, quizás al adquirir algo de conocimientos y luego aplicarlos logremos encontrar un sendero menos pedregoso y más fácil de transitar. Si encuentras que te falta algo en un área que al parecer no comprendes, lo primero que debes empezar a hacer es buscar información en una biblioteca pública. Después de obtener los fundamentos básicos, encuentra un mentor cuyos consejos puedas seguir. Luego aplica lo que has aprendido. El pensamiento y la acción tienen como resultado el ÉXITO. Como dice Don Green, Director Ejecutivo de la Fundación Napoleón Hill: "Tienes que HACER algo con lo que sabes". La acción es lo que produce los mejores resultados.

Algunas pruebas que te ayudan a separar los hechos de la ficción

por Napoleón Hill

La persona que piensa con precisión escudriña todo lo que lee en los libros o en los periódicos, todo lo que escucha y ve en el radio y en la televisión. Nunca acepta una afirmación como un hecho sólo porque la lee o porque escucha que alguien la dice. Y sabe que las declaraciones que en parte contienen hechos a menudo se manipulan se modifican y se exageran de manera intencional o en forma descuidada, para darles un significado erróneo.

Por lo tanto, la persona que piensa con precisión aplica pruebas definidas a las declaraciones de otros. Si lee un libro, por ejemplo, pone a prueba la exactitud de sus datos mediante las siguientes reglas:

a. ¿Es el escritor una autoridad reconocida en el tema?
b. ¿Tuvo el autor otro motivo aparte de transmitir información exacta cuando escribió este libro?
c. ¿Es el escritor un profesional cuya tarea es influir en la opinión pública?
d. ¿Tiene el autor un interés financiero en los temas sobre los que escribe?
e. ¿Es el autor una persona de buen juicio, y no un fanático en el tema sobre el que escribe?
f. ¿Existen fuentes de fácil acceso en las que sea posible comprobar y verificar las declaraciones del escritor?
g. ¿Las declaraciones del escritor están en armonía con el sentido común y la experiencia?

Antes de que una persona que piensa con precisión acepte las declaraciones de otros como hechos, intenta averiguar el motivo que respalda esas declaraciones, pues sabe que nadie hace nada jamás, y rara vez dice algo, sin un motivo definido. La persona que piensa con precisión examina con cuidado todas las declaraciones de las personas que tienen motivos obvios. También es cuidadosa al aceptar las declaraciones de personas demasiado fanáticas que tiene el hábito de permitir que su imaginación quede fuera de control.

Analiza con cuidado al individuo que está tratando de convencerte de la validez de su estilo de vida y asegúrate de que su manera de hacer las cosas sea tan buena como la tuya.

Fuente: ***Curso: Actitud mental positiva la ciencia del éxito.*** Páginas 301 y 302.

TAN BUENO COMO EL ORO 40

Aunque es posible que el dinero no sea lo que en realidad hace girar al mundo, ciertamente parece proporcionar las piezas necesarias con las que se da forma a nuestros deseos y con las que se construyen nuestros sueños.

—Elizabeth Donati

A todos nos gusta una ganga, una venta especial, una inversión sensata y una forma de administrar el dinero que haga que nuestros ingresos rindan más. Pero no son muchas las personas a quienes les gusta practicar la frugalidad. A algunas les parece que tiene una mala connotación, que es como si "alguien" las estuviera obligando a vivir por debajo de su nivel. ¿Es posible que esta manera de pensar se deba a que nunca se nos habló de los aspectos positivos de la frugalidad? Así como puede haber alegría al gastar, también puede haber la misma cantidad de alegría al ahorrar. ¿Por qué no lo compruebas por ti mismo? Míralo como un juego, si eso te ayuda a concentrarte en este concepto tan poco usual. He descubierto que cuando encuentro una ganga, porque la busco y se presenta, la disfruto como un premio, y el verdadero premio es el dinero que ahorro y que puedo depositar en el banco.

Por ejemplo, reconozco que soy "adicta a los libros". Me encantan los libros, pero no necesariamente me gusta pagar lo que cuestan los libros recién publicados. Así que compro en tiendas de libros usados, como Goodwill y el Ejército de Salvación, en ventas de las iglesias, ventas de garage, ventas de segunda mano y ventas de bibliotecas. Casi siempre encuentro lo que estoy buscando a un precio muy bajo, y a veces encuentro algo que incluso es mejor.

Esta es una anécdota de mi nuera, ¡que está recibiendo un entrenamiento en la "frugalidad" impartido por su suegra. Disfruté su relato tal y como ella lo cuenta:

Esto es lo que escribió Lupita:

> Querida Judy:
>
> ¡Tengo una historia para ti! Hay un espejo que he querido comprar para ponerlo en el comedor. Yo quería un espejo grande con marco dorado o color café claro para que hiciera juego con los muebles del comedor. Me costó mucho trabajo encontrar un espejo que me gustara. Recorrí una tienda de segunda mano, fui a Bed, Bath and Beyond, fui a Macy's, a Lowe's… ¡Fui a todas partes! No encontré nada que me gustara o todo era demasiado caro.
>
> Anoche Tim y yo fuimos a dar una vuelta por el vecindario y encontramos un espejo grande fuera de una casa, entre la basura. Estaba demasiado oscuro para verlo bien, pero el tamaño parecía casi perfecto así que lo llevamos a casa. Cuando llegamos, nos dimos cuenta de que era el espejo perfecto para el comedor. ¡Es hermoso y no podía haber quedado mejor con los muebles! Además está en perfectas condiciones. ¡No puedo creer que haya yo estado buscándolo durante tanto tiempo y lo haya encontrado entre la basura de alguien! Conseguí exactamente el espejo que deseaba, y lo conseguí gratis!
>
> Con cariño,
>
> Lupita

¡Personalmente, me encanta ver que alguien pueda convertir la basura en un tesoro! Reciclar, volver a usar y renovar. ¡Y puedes llevar tus ahorros al banco! Y recuerda que lo que buscas con intensidad y entusiasmo, siempre lo vas a encontrar.

FRUGALIDAD

por Napoleón Hill

La frugalidad es uno de los elementos esenciales del éxito. El hábito de hacer planes de ahorro fomenta la frugalidad, hace de ella un hábito establecido.

Cada quien está donde está y es lo que es, debido a los hábitos que ha adquirido. El hombre que vive al límite de sus ingresos, o que gasta más de lo que gana, nunca es un hombre libre. Siempre es esclavo de otros, y el ser esclavo no es una situación deseable. No es parte del propósito del Creador para el hombre.

De aquí en adelante, cada uno de nosotros tiene la obligación de proteger sus fuentes de ingreso y su tiempo con la misma eficiencia con la que una corporación bien administrada maneja sus fondos y el tiempo de sus empleados.

Si esta obligación causa confusión o irritación a algunos de nosotros, consolémonos con el hecho de que al menos nos llevará a tener mejores hábitos de autodisciplina. Y reconozcamos que nos estamos acercando a la interpretación de una regla de la conducta humana que es la esperanza de la humanidad porque contiene el secreto con el que tal vez podríamos escapar de los riesgos de esta época de confusión y caos que estamos viviendo.

La presentación de esta regla se ha reservado para que sea un clímax apropiado para los principios que se describieron antes. Con toda razón sirve como clímax para los dieciséis principios anteriores, porque es el principio que da la orientación moral para el uso del poder que los primeros dieciséis principios ponen en tus manos.

El poder es peligroso en manos de alguien que no reconoce que su uso implica una obligación moral. La historia de la humanidad es una prueba de ello.

Fuente: ***Curso: Actitud mental positiva la ciencia del éxito.*** Página 486.

TAN BUENO COMO EL ORO 41

La Fundación Napoleón Hill es una institución sin fines de lucro que invierte los ingresos que recibe de la venta de sus libros y audios en propósitos educativos. Sus actividades primordiales son financiar becas y capacitar profesores en la Universidad Purdue Calumet, y dar a conocer los diecisiete principios del Dr. Hill a jóvenes y adultos internos de reclusorios

—Robert Johnson

Cuando viajé a Wise, Virginia el último fin de semana para asistir a la celebración del Día de Napoleón Hill el 26 de octubre, que este año también coincidió con el aniversario de su nacimiento, pensaba detenerme en una librería extraordinaria que está en Berea, Kentucky. Esta parada se ha convertido en un ritual en nuestro viaje anual para asistir al evento. Como niños en una dulcería, mis compañeros y yo nunca sabemos quẻ encontraremos, ya que este lugar ofrece una combinación de materiales nuevos y antiguos. Además, como se encuentra en una ciudad universitaria, el surtido de materiales que ofrece resulta interesante. Estábamos listos para hacer nuestras compras.

Esté año no contábamos con mucho tiempo, así que entramos a la librería a toda velocidad. Sólo teníamos una hora para buscar nuestros tesoros. Mis dos asistentes, Chino Martínez y Alan Chen, se dirigieron a la sección donde encontrarían sus libros favoritos y no vieron el libro que estaba cerca del escritorio del cajero, frente al pasillo. Yo me detuve ahí, y fue imposible ignorarlo porque era un libro que ya había yo visto muchas veces antes. Era la famosa *Ley del éxito*, del Dr. Hill. Era un libro en rústica, grueso, de cubierta blanca. Alguien lo había ordenado, pero no era nuestra publicación. Me acerqué al dueño, le dije quiénes éramos y le pregunté si no sería muy difícil para él vender sólo libros autorizados por nuestra Fundación, no ejemplares no autorizados que podrían contener alteraciones. Él me dijo que no podía ver la diferencia. Así que le indiqué qué es lo que tenía que buscar y por qué esto era importante para la longevidad de la Fundación. Sentí como si el Dr. Hill hubiera planeado todo esto para volverme a recordar que le pidiera al Licenciado Robert Johnson, nuestro asesor legal, que escribiera una columna, como escritor invitado, mencionando por qué es tan importante comprar sólo "Materiales Autorizados por la Fundación".

Después de cumplir mi misión de hablar de los libros del Dr. Hill con el dueño de la librería, se me acercó una mujer y me pidió mi tarjeta. Dijo que ella era la persona que había ordenado el libro y que había venido a recogerlo. También me dijo que no tenía idea de que hubiera versiones "autorizadas" y "no autorizadas" de las obras del Dr. Hill. Me prometió que en el futuro buscaría con diligencia nuestras publicaciones. Ambas nos sentimos mejor al saber que ella y el dueño de la librería harían exactamente lo que habían dicho. Y yo sentí que le había expresado al dueño de la librería los deseos del Dr. Hill precisamente en Brea, Kentucky, el lugar donde su hijo había asistido a la escuela. En cierta forma, esta era una tierra sagrada de Hill, y era un buen lugar para recibir su mensaje y darlo a conocer a los habitantes de Brea.

Al llegar a Wise, me reuní con Bob Johnson y le pedí que escribiera la columna en la revista de esa semana, y él lo hizo antes de salir de trabajar esa noche. Puedes leerla en el sitio web www.naphill.org. Así que, como puedes ver, el Dr. Hill debe habernos pedido a ambos que le recordáramos a nuestros lectores que antes de morir él estableció la Fundación Napoleón Hill con su esposa, Annie Lou Hill, para continuar con el legado de su gran obra. Como en el caso de cualquier autor, siempre es mejor leer la obra más importante que haya creado ese autor sin comentarios, sin que se le haya añadido o eliminado nada. Esto les da a los lectores la oportunidad de usar su mayor poder, el poder de elegir lo que desean pensar y creer. Después, si necesitas más información, puedes leer materiales secundarios que se han escrito basándose en las obras principales. Pero primero debes leer las obras en sí, en el estado más puro en que puedas encontrarlas; es decir, debes leer las obras tal y como las escribió Napoleón Hill. Si piensas por ti mismo, puedes enriquecerte, pero no lo harás si alguien más implanta en tu mente pensamientos; eso normalmente se conoce como "lavado de cerebro". No seas una esponja; sé un imán, un lector culto que lee con un bolígrafo y un cuaderno en la mano, siempre alerta, en caso de que la idea que Napoleón Hill prometió suba a la superficie desde tu mente subconsciente y te ponga en la vía rápida que lleva a las riquezas de la vida. Escríbela, ponte en acción de acuerdo a ella, y luego haz que tu sueño, y no el de alguien más, se haga realidad.

Puedes hacerlo. Yo sé que puedes hacerlo.

Pensamientos de éxito

por Napoleón Hill

Un Propósito Definido – Las personas de éxito avanzan por su propia iniciativa, pero saben hacia dónde van antes de iniciar su viaje.

Alianza de Mente Maestra – Nadie puede llegar a ser un éxito permanente sin llevar a otros consigo.

Fe Aplicada – Puedes hacerlo si crees que puedes.

Hacer Más de lo que se Espera de Ti – Las personas más exitosas son las que entregan servicios al mayor número de personas.

Una Personalidad Agradable – Es esencial que desarrolles una Personalidad Agradable; agradable para ti y para otros.

Iniciativa Personal – El ejecutivo de hoy normalmente es el empleado de ayer, que vio una oportunidad al final de la segunda milla que recorrió sin que fuera su deber hacerlo.

Actitud Mental Positiva – Concentra tu mente en lo que deseas y lejos de lo que no deseas. Recuerda: "Ten cuidado con lo en lo que pones tu corazón, porque de seguro se hará realidad".

Entusiasmo – ¡Para serlo tienes que actuar con entusiasmo!

Autodisciplina – ¡Dirige tus pensamientos, controla tus emociones y ordena tu destino!

Pensamiento de Precisión – La verdad será la verdad, independientemente de una mente cerrada, de la ignorancia o de negarse a creer.

Atención Controlada – ¡Concentra tu mente en aquello que deseas y lejos de aquello que no deseas!

Trabajo en Equipo – La cooperación armoniosa es un recurso valioso que puedes aprender en proporción con lo que das.

La Adversidad y la Derrota – Recuerda: Cada derrota, cada desilusión y cada adversidad lleva consigo la semilla de un beneficio mayor o equivalente.

Una Visión Creativa – La imaginación es el taller del alma donde se forjan todos los planes para el logro individual.

Conservar la Buena Salud – Si crees que estás enfermo, lo estás.

Administrar Tiempo y Dinero – Dime cómo usas tu tiempo libre y cómo gastas tu dinero, y te diré dónde estarás y qué serás dentro de diez años.

Fuerza Cósmica de los Hábitos – Estás donde estás y eres lo que eres debido a los hábitos de pensamiento y acción que has establecido.

Fuente: ***Curso: Actitud mental positiva la ciencia del éxito*** por Napoleón Hill.

TAN BUENO COMO EL ORO 42

Si nos definimos por lo que hacemos, ¿entonces cómo nos definiremos cuando dejemos de hacerlo?

—Dr. J. B. Hill

El 26 de octubre es el aniversario del nacimiento de Napoleón Hill. Él nació en esa fecha en 1883 y murió el 8 de noviembre de 1970. Por lo tanto, en 2009 él habría celebrado su cumpleaños número 126. ¿Podría haber imaginado que en esa fecha, su nieto, el Dr. J. B. Hill se dirigiría a dos grupos de estudiantes en el Colegio de Estudios Superiores de la Universidad de Virginia en Wise, un grupo de preparatoria y uno de universitarios, como ponente principal a nombre de la Fundación Napoleón Hill? Tal vez sí, tal vez no. Pero de todos modos, el Dr. Napoleón Hill sabía muy bien que la Fuerza Cósmica de los Hábitos interviene todos los días de nuestra vida. Si se le hubiera preguntado si esto era o no una coincidencia, creo que él habría respondido con un firme "no". Y además habría añadido que se supone que eso pasaría pues la Inteligencia Infinita tiene un conocimiento pleno de todos los roles y funciones que cada uno de nosotros desempeña en esta vida.

El Dr. J. B. Hill no sólo se parece a su abuelo físicamente, sino que también se parece a él en el aspecto intelectual. Ha heredado la sagacidad mental que hizo de su abuelo un hombre extraordinario y llegara a ser un ícono para el movimiento de autoayuda. J. B. es introspectivo, multifacético, y sabe escuchar con una actitud compasiva. No se apresura a dar un ultimátum y sus respuestas siempre son consideradas. En general, como Shakespeare podría haber dicho, él es como un Hombre del Renacimiento.

Aunque fue infante de Marina, personifica el lema del ejército: "Sé todo lo que puedas ser". Cuando se retiró del Cuerpo de

Infantes de Marina, después de ser maestro en la Academia Naval, estudió medicina y actualmente practica esta profesión.

¿Quién es entonces el verdadero J. B. Hill? Permitiré que él hable por sí mismo en las columnas para escritores invitados en las próximas semanas. En mi opinión J. B. Hill es una persona que me agrada haber conocido ya que soy mejor por haberlo conocido. En mi opinión, esa es la verdadera marca de una persona genuina. No quién es, sino lo que pueden inspirarte a llegar a ser. Habiendo dicho eso, creo que él en realidad está siguiendo las huellas de su abuelo.

¿Víctima o victorioso? Tú decides

por Napoleón Hill

Dios se mueve en formas misteriosas, para hacer milagros, escribió William Cowper en 1772. Y si sólo pudiéramos tener una perspectiva de largo alcance en cuanto al plan eterno, podríamos ver que estas señales de agitación en nuestras instituciones sociales, políticas y económicas llegaron para romper los hábitos masivos indeseables de los hombres. Tal vez sean el medio para abrir el camino hacia el crecimiento y el progreso en la evolución global de la raza.

Los hombres de grandes logros podrían ser elementos vitales en un patrón o plan general, y podrían responder a un propósito que supera mucho a su comprensión. Por ejemplo, alguien como Thomas A. Edison, probablemente pensó que estaba inventando para ganar dinero, pero por lo que sabemos, la naturaleza pudo haber tenido otra idea. Tal vez lo estaba usando como instrumento para mejorar a toda la raza humana. Él, al menos mejoró el destino de cada uno de nosotros.

Dos grandes fuerzas están trabajando en la mente de todos los hombres para hacer de ellos lo que son. Una es la herencia social y la otra es la herencia física.

La herencia física es la ley de la naturaleza a través de la cual se te ha entregado la suma y sustancia de todas las características, rasgos y aspectos físicos de tus ancestros, a lo largo de los siglos. Inevitablemente, eres un producto de todos tus ancestros.

La herencia social consiste en todas y cada una de las influencias con las que entras en contacto desde el momento en que adquieres la capacidad consciente hasta el momento en que mueres. La influencia de tu madre y de tu padre, tu educación, las conversaciones que escuchas, las influencias religiosas, las ideas políticas, los periódicos que lees, los programas que ves. Todo esto te ha ayudado y te ayudará a hacer de ti lo que eres. Esa es tu herencia social. Muy pocas personas tienen lo que se requiere para alejarse de todo esto y pensar por sí mismas, en forma independiente y precisa. Son muy pocos los que se deshacen de su herencia social y se atreven a ser diferentes e individuales. Cuando esto ocurre, el mundo tiene un Edison, un Ford, un Thomas Paine, un Ingersol o un Jonas Stalk. Pero la gran mayoría de las personas se permiten convertirse en víctimas de la herencia social. Por eso el pensamiento puro es algo tan raro.

Cuando te alejas de tu herencia social y empiezas a pensar por ti mismo es un gran momento en tu vida. La herencia social y la herencia física están bajo la dirección de la fuerza cósmica de los hábitos. Se enfatiza la aplicación subconsciente porque las personas nunca conocieron, a nivel consciente, este principio ni supieron qué era lo que literalmente los hacía ascender por la escalera que lleva hacia un éxito eminente.

Fuente: ***Curso: Actitud mental positiva la ciencia del éxito,*** Páginas 504 y 505.

Definición de uno mismo

por el Dr. James B. Hill

Hace cuatro años, me senté donde ustedes están ahora y escuché a un hombre llamado Jim Amos. El Sr. Amos hizo su fortuna con la empresa "Mail Boxes, Inc." Le vendió su empresa a UPS por más de 800 millones de dólares. Él era un hombre joven, de aproximadamente 55 años. ¡Era salvajemente exitoso!

Pero el día que estaba de pie donde yo estoy ahora, Jim Amos no habló de cómo había logrado el éxito. Habló sobre la definición de uno mismo. Dijo que llegaría el día, hayamos alcanzado el éxito o no, en que tengamos que aceptarnos tal como somos.

¿Cómo te defines?

Piensa en eso por un segundo: ¿Quién eres?

¿Eres un estudioso de Napoleón Hill? ¿Eres un estudiante destacado? ¿Eres un hombre de negocios exitoso? ¿Un súper atleta? ¿Un profesor con un puesto permanente? ¿Una persona que ha recibido premios y reconocimientos?

¿No son estas cosas simplemente lo que hacemos?

Si nos definimos por lo que hacemos, ¿cómo nos vamos a definir cuando dejemos de hacer esas cosas?

Durante gran parte de mi vida fui un Infante de Marina; de hecho eso consideraba yo que era. Hoy en día me siento tan orgulloso de ser un Infante de Marina como de ser un Médico. ¿Pero es eso lo que soy? ¿Ustedes cuando me ven "piensan": INFANTE DE MARINA? Antes de eso fui marino mercante. ¿Es eso lo que soy? Las personas que conocen toda mi historia ciertamente no me ven como un **Infante de Marina ni como un marino mercante.**

Escuché al Sr. Amos y me di cuenta de que a lo largo de toda mi vida me he estado definiendo en base a lo que hago para ganarme la vida. Y lo que es peor, también definió a los demás por su ocupación.

Recuerdo haber sentido escalofríos a lo largo de la columna vertebral mientras luchaba con la pregunta del Sr. Amos. No podía responderla. Me molestaba mucho.

¿Quién soy?

Mi Sueño

Esa noche soñé que estaba en una fila frente a San Pedro, en la puerta del cielo, esperando ser juzgado.

Cuando me llegó mi turno, me acerqué a San Pedro que estaba consultando sus libros. Me miró y gruñó: "¿Quién eres y por qué crees que mereces entrar al cielo?".

Respondí: "Bueno, soy médico; no soy un mal hombre. Ayudo a la gente…".

San Pedro cerró bruscamente el libro de la expiación y me interrumpió diciendo: "No pregunté cómo te ganabas la vida, ¿o sí?".

"Además, en realidad no llegaste a ser médico sólo para ayudar a tus semejantes, ¿o sí? ¡Sólo querías agradar a tu familia! ¡O tal vez sólo querías irritar a…!". (Sí, San Pedro era cruel… creo que estaba de mal humor; **había estado mandando a la gente al infierno todo el día.**)

"Te lo vuelvo a preguntar; ¿QUIÉN eres?".

No pude responder. No lo sabía.

Después de decirme que era obvio que yo no sabía la respuesta, San Pedro dijo que me regresaría a la tierra durante un año para encontrar una respuesta. Me advirtió que más me valía tener una respuesta cuando me presentara de nuevo frente a él.

Bueno, desperté después de este sueño increíble e indeleble, sintiéndome ligeramente impactado.

A lo largo de todo el año siguiente, pensé mucho y muy profundamente en la pregunta de San Pedro. Admito que sudé un poco cuando se acercaba la fecha límite que él me había marcado. Recuerden que me dio un año. Finalmente llegué a la conclusión de que…

¡No lo sabía!

TAN BUENO COMO EL ORO 43

No es más correcto que a un hombre se le defina por su trabajo o por su éxito, que si se le definiera por sus fracasos.

—Dr. J. B. Hill

Una actitud de "puedo hacerlo" nos posiciona para el éxito. No podremos tener éxito si no lo intentamos. Las personas que temen intentar algo básicamente necesitan cultivar la confianza en sí mismas. Sin confianza en ti mismo y en tus capacidades, nunca responderás a tus expectativas básicas, y mucho menos podrás superarlas.

Vale la pena leer la fórmula de Napoleón Hill para la confianza en uno mismo, ponerla donde podamos verla e incluso memorizarla. Contiene varias autosugestiones resumidas en un artículo breve, y al paso del tiempo ha comprobado ser valiosa. Ya sea que la leas en silencio, que la leas en voz alta o que la recites de memoria, estás condicionando tu mente subconsciente para el éxito definitivo. Esta extraña técnica siempre garantiza un resultado positivo, pero no garantiza el tiempo ni el lugar en que se presentará ese resultado. Afina tus receptores para que capten las oportunidades de éxito y crea un nivel de conciencia que en otras circunstancias no tomarías en cuenta. Por ejemplo, digamos que estás buscando oportunidades que generen dinero. Si no impulsas tu confianza en ti mismo tal vez no reconozcas un plan que se te presenta, o incluso podrías ignorarlo. Pero con esta fórmula, cuando surge una oportunidad, tu mente consciente percibe aquello que tu mente inconsciente fue condicionada para descubrir.

El Dr. Hill dice lo siguiente en su definición de la mente consciente y la mente subconsciente: "La mente consciente es el arquitecto, la mente subconsciente es el gran almacén que surtirá los materiales mentales para el proyecto que se está construyendo. La mente consciente crea el plan y decide lo que va a hacerse. La mente subconsciente desarrolla la potencia para llevarlo a cabo".

Al utilizar nuestro equipo estándar, la mente consciente y la mente subconsciente trabajan en equipo. Pero para alcanzar tus metas y tus sueños, primero tienes que preparar la bomba, alimentar el fuego, visualizar el resultado, involucrar tus sentidos, y posicionarte para el éxito. Eso requiere de confianza en ti mismo y autodeterminación. Debes tener un plan para llevarlo a cabo. El plan es el mapa. El trayecto es el proceso que se sigue paso a paso en la vida real y que hace posible que cruces el terreno y llegues a tu destino dando un paso a la vez. Tal vez hayas escuchado que el éxito deja huellas. Es verdad. Cuando imitas las acciones de otra persona, sean buenas o malas, llegas al destino al que esa persona llegó. Piensa en eso. "¿Te gustaría columpiarte en una estrella, llevar rayos de luna a tu casa en un frasco, estar mejor de lo que estás, o preferirías ser un cerdo?". Ya conoces la rutina para el éxito y se resume en el poder más grande que tienes: el poder de elección. Elige con sabiduría.

Fórmula de la confianza en uno mismo

por Napoleón Hill

Sé que tengo la habilidad de alcanzar el objetivo de mi propósito definido en la vida; por lo tanto, me *exijo* una acción persistente y continua hacia su logro, y aquí y ahora prometo llevar a cabo esa acción.

Me doy cuenta de que los pensamientos dominantes de mi mente al final llegarán a reproducirse en acción física externa, y que gradualmente se transformarán en realidades físicas; por lo tanto, voy a concentrar mis pensamientos, durante treinta minutos cada día, en la tarea de pensar en la persona en quien intento convertirme, creando así una imagen mental clara en mi mente.

Gracias al principio de la autosugestión, sé que cualquier deseo que conserve yo en mi mente con persistencia, al final buscará la forma de expresarse a través de medios prácticos para alcanzar el objetivo que lo respalda. Por lo tanto, dedicaré diez minutos diarios a exigirme el desarrollo de la *confianza en mí mismo.*

Ya he escrito claramente una descripción de mi propósito *primordial definido* en la vida, y nunca dejaré de intentar desarrollar suficiente confianza en mí mismo para alcanzarlo.

Entiendo perfectamente que la riqueza y las posesiones no duran mucho tiempo, a menos que se basen en la verdad y en la justicia; por lo tanto, no me involucraré en ninguna transacción que no beneficie a todas las personas afectadas. Alcanzaré el éxito atrayendo hacia mí las fuerzas que deseo utilizar y la cooperación de otras personas. Induciré a otros a servirme, debido a mi buena disposición de servir a otros. Eliminaré el odio, la envidia, los celos, el egoísmo y el cinismo, cultivando el amor hacia toda la humanidad, porque sé que una actitud negativa hacia otros nunca me traerá éxito. Haré que otros crean en mí, porque yo voy a creer en ellos y en mí mismo. Firmaré esta fórmula con mi nombre, la aprenderé de memoria y la repetiré en voz alta una vez al día, con una fe absoluta en que gradualmente influirá en mis pensamientos y en mis acciones de tal manera que llegue yo a ser una persona que tiene confianza en sí misma y tenga éxito.

Esta fórmula está respaldada por una ley de la naturaleza que nadie ha sido capaz de explicar. El nombre que se da a esta ley no tiene mucha importancia. El hecho importante es que funciona a favor de la gloria y el éxito de la humanidad, si se usa en forma constructiva. Pero si se usa en forma destructiva, destruirá en la misma medida. En esta afirmación puede encontrarse una verdad muy significativa, es decir, que quienes caen derrotados y acaban en la pobreza, en la miseria y en la angustia, están así porque aplicaron en forma negativa el principio de la autosugestión. La causa puede encontrarse en el hecho de que todos los impulsos del pensamiento tienden a cubrirse con su equivalente físico.

Fuente: ***Piense y hágase rico,*** por Napoleón Hill. Edición para Coleccionistas. Páginas 86 y 87.

DEFINICIÓN DE UNO MISMO, SEGUNDA PARTE

por el Dr. James B. Hill

No es más correcto que un hombre se defina por su trabajo o por su éxito que si se define por sus fracasos.

Pero esto no significa que yo no haya podido encontrar una respuesta para San Pedro. Sólo que no sé si es la repuesta correcta.

He llegado a creer que el definirse a sí mismo debe basarse en los papeles que desempeñamos en la sociedad humana.

¿Soy un buen hombre, un buen padre, un buen ciudadano? ¿Utilizo mis destrezas y talentos para ayudar a otros?

Estas son las cosas por las que nos juzgarán **los que nos conocen**, y por las que nosotros debemos juzgarnos.

No es más correcto que un hombre se defina por su trabajo o por su éxito que si se define por sus fracasos.

La próxima vez que me presente ante San Pedro y él me pregunte quién soy, sé la respuesta que le daré. Simplemente le diré que soy un buen padre.

Espero ser lo "suficientemente bueno" porque no dudo que el San Pedro de mis sueños lo va a verificar en su libro.

Es fácil abandonar tus sueños

El segundo tema sobre el que deseo hablarte hoy es el de sacrificar tus sueños de éxito. Hace algunos años asistí a una comida a la que asistieron varios hombres y mujeres interesantes y cultos.

Todos los que estaban en mi mesa conocían a Napoleón Hill y su filosofía. La conversación fluyó libremente, como suele fluir entre personas que tienen puntos de vista similares y bien conocidos para todos.

La conversación se centró en Napoleón Hill y en sus principios. Todos mostrábamos que estábamos de acuerdo cuando se mencionaban sus conceptos.

De pronto, me empecé a preguntar si alguna de estas personas exitosas REALMENTE HABÍA USADO a Napoleón Hill como guía. De modo que pregunté…

Reinó el silencio. Los había yo insultado. Todos (y me refiero a todos) me lanzaban miradas fulminantes.

Al final, un hombre carraspeó y dijo lo obvio… "¡Bueno, por supuesto! ¡Habría sido imposible alcanzar el éxito sin tenerlo como guía!".

Después de disculparme y asegurarles que mi insulto no había sido intencional, les pedí la oportunidad de clarificar mi pregunta y de volver a plantearla.

Todos habían alcanzado el éxito, ¿pero habían alcanzado sus sueños?

De nuevo reinó el silencio pero en esta ocasión se debió a la introspección.

Nadie respondió y yo tuve mi respuesta.

Todos habían alcanzado el éxito pero de alguna manera no habían podido alcanzar sus sueños; alcanzaros sus metas, pero no sus sueños.

Voy a explicar esto con otro relato la próxima semana.

Introducción: Dr. J. B. Hill

Cuando el Dr. J. B. Hill tenía 12 años de edad, su abuelo le dio diez dólares, algunos consejos y un ejemplar autografiado de *Piense y hágase rico*, el libro de Napoleón Hill que ha tenido tanta influencia. Él dice que gastó el dinero, ignoró los consejos y perdió el libro. Sin embargo dice que años más tarde ese libro cambiaría su vida.

Napoleón Hill nació en la pobreza en una cabaña de una sola habitación en la zona de Pound River, el 26 de octubre de 1883. A partir de este humilde principio, este habitante del Condado de Wise llegó a ser consejero de varios presidentes y autor de *best sellers*. A principios del siglo XX, Hill entrevistó a los líderes de negocios más prósperos del país, incluyendo a Andrew Carnegie y a Henry Ford. Hill compiló su obra de ocho volúmenes, *La ley del éxito*, una colección sobre la filosofía del logro individual. Más tarde condensó su investigación para compilar *Piense y hágase rico,* que se considera uno de los libros motivacionales más importantes que se han escrito.

El Dr. J. B. Hill, que nació en Morgantown, West Virginia, es hijo de David Hill, el hijo menor de Napoleón Hill, y de Florence Hornor. Terminó la preparatoria en 1966 y estuvo en la Marina Mercante hasta 1969, cuando fue reclutado para prestar sus servicios en el Cuerpo de Infantes de Marina de Estados Unidos.

Para 1973, ya había recibido cinco promociones y había alcanzado el rango de sargento. Se le dio la oportunidad de asistir a la Universidad Vanderbilt, donde pasó 3 años estudiando la licenciatura en ingeniería mecánica. Después de su graduación, se le comisionó como Segundo Teniente y empezó a prestar servicios en el Cuerpo de Infantes de Marina como oficial de artillería. Más tarde terminó una Maestría en Matemáticas en la Escuela Naval de Posgrado.

Como oficial, estuvo al mando en dos ocasiones, guió a un equipo de consejeros militares en el sureste de Asia, presentó información ante el Estado Mayor Soviético, prestó servicios como asistente de dos generales del Cuerpo de Infantes de Marina, fue maestro de matemáticas en la Academia Naval de Estados Unidos y prestó servicios en numerosos centros militares de importancia crítica al nivel de batería, de batallón y de regimiento. Se le han otorgado certificados militares en las áreas de buceo, montañismo, zonas de clima frío y zonas de jungla, y se graduó en el Army's Command and General Staff College.

En 1995, se retiró del Cuerpo de Infantes de Marina después de 26 años de servicio para estudiar medicina. Se graduó en la facultad de medicina a los 55 años de edad e inició una residencia de tres años en medicina familiar. Actualmente, el Dr. Hill es médico familiar con especialidades en el tratamiento de heridas y en medicina hiperbárica.

TAN BUENO COMO EL ORO 44

Algún día reflexionarás sobre tu vida y descubrirás que no puedes encontrar tu medida porque perdiste la oportunidad de medirte en relación con tus sueños.

—Dr. J. B. Hill

En el último segmento del Dr. J. B. Hill, nos dice por qué aplazar los sueños no siempre es un buen plan. El sacrificar una cosa por otra y reducir la importancia de las metas, a menudo produce el mismo efecto que comprar algo de baja calidad. El producto no dura tanto como debería y es necesario reemplazarlo.

Una meta que realmente es para toda la vida se basa en tu auténtica misión en la vida, y cuando descubres cuál es esa meta, te lleva toda una vida alcanzarla. En una ocasión leí que tu verdadero propósito es el producto de tu personalidad y de tu ser espiritual. Personalmente, me gusta la idea, ya que esta combinación sólo puede darse debido a lo que tú eres, y por consiguiente, tú eres la única persona en todo el universo que puede dar al mundo el don único que sólo tú puedes darle. Por lo tanto, cada persona tiene algo especial que darle al mundo, y eso no debe postergarse ya que si nunca llegas a saber lo que es, este don personalizado se perderá para siempre.

Langston Hughes escribió un poema que me gusta mucho sobre este tema, y dice:

Un sueño postergado

¿Qué le pasa a un sueño postergado?

¿Se seca
como una pasa bajo el sol?
¿O se infecta como una yaga purulenta
y luego sangra?
¿Huele mal como la carne podrida?
¿O se forma en él una corteza azucarada
como la de un dulce con miel?

Tal vez sólo decae como una carga pesada.

¿O explota?

Al leer este poema, parece que las consecuencias de postergar un sueño no son buenas. Como el Dr. J. B. Hill le advierte a Scott, a veces es difícil recapturar los sueños. Es mejor no darse por vencido cuando las cosas se ponen difíciles. Por el contrario, como todos hemos oído decir, la mejor forma de abordarlo es ser fuerte y ponerse en marcha. ¿Cómo podemos alcanzar nuestros sueños si no tenemos autodisciplina? En lo que se relaciona con esto, creo que Napoleón Hill estaría de acuerdo en que lo que aplica es la palabra "imposible". ¡Debes ser fuerte y ser todo lo que puedas ser! Cada uno de nosotros tiene un tesoro que está esperando para que lo entreguemos al mundo como regalo. No debes postergar la entrega de este regalo.

Autodisciplina

por Napoleón Hill

La autodisciplina empieza con el dominio de nuestros pensamientos. Si no controlas tus pensamientos, no puedes controlar tus acciones. Por lo tanto, en su forma más sencilla, la autodisciplina hace que pienses primero y que luego actúes. Casi todos hacen exactamente lo contrario en forma automática. Las personas por lo general primero actúan y luego piensan, a menos que tomen posesión de su mente y controlen sus pensamientos y sus acciones a través de la autodisciplina.

El control de la emoción

La autodisciplina te dará un control total de las catorce emociones más importantes que aparecen a continuación. Siete son positivas y siete son negativas:

Emociones Positivas	**Emociones Negativas**
Amor	Miedo
Sexo	Celos
Esperanza	Odio
Fe	Venganza
Entusiasmo	Codicia
Lealtad	Enojo
Deseo	Superstición

Todas estas emociones son estados mentales y por lo tanto están sujetas a tu control y dirección. Puedes ver al instante lo peligrosas que son las emociones negativas si no se les controla. Las siete emociones positivas también pueden ser destructivas, si no se les organiza y se les libera bajo tu control completo y consciente. Envuelto en estas catorce emociones hay un poder de naturaleza auténticamente explosiva. Si lo regulas adecuadamente, puede elevarte a alturas de logros importantes. Pero si permites que ese poder prolifere sin control, te hará pedazos lanzándote a las rocas del fracaso. Deberías entender que tu educación, tu experiencia, tu inteligencia innata y tus buenas intenciones no pueden alterar ni modificar estas posibilidades.

Fuente: ***Curso: Actitud mental positiva la ciencia del éxito.*** Páginas 268 y 269.

Definición de uno mismo, tercera parte

por el Dr. James B. Hill

"Sabrás que has olvidado tus sueños cuando veas que estás esperando que algo pase".

Scott, el hijo de un amigo mío muy cercano, renunció a la Academia Naval durante su primer año después de haber pasado ocho meses ahí.

Una noche a la hora de la cena, me dijo que tenía planes para asistir al Tecnológico de Georgia en el otoño.

Luego me sorprendió diciendo que podría volver a la Academia el siguiente año, pero tendría que repetir el primer año.

Scott me pidió mi opinión. Después de pedirle a su papá si podía yo hablar libremente, le dije a Scott…

Que yo podía verlo graduándose del Tecnológico de Georgia con un título como ingeniero. Que podía ver que conseguiría un maravilloso empleo, que se casaría con una muchacha bonita, que tendría hijos preciosos, y que llevaría una vida agradable, cómoda y segura. ¡Un éxito en todos sentidos!

Sin embargo, añadí: "Scott, ¿recuerdas las pláticas que tuvimos antes de que entraras a la Academia Naval? ¿Sobre lo que podría significar ser un graduado de la academia?".

"Me hablaste de ser el comandante de un portaaviones, de volar un avión de combate F-18, y tal vez de caminar en la luna. Te preguntabas cómo sería sumergirte en el Mar de Japón o tener la oportunidad de dirigir a los Infantes de Marina.

"Scott, si no vuelves a la academia, nunca vas a ser comandante de un portaaviones y nunca caminarás en la luna ni volarás un F-18. Nunca te vas sumergir en el Mar de Japón y nunca tendrás la oportunidad de dirigir a los Infantes de Marina.

"Sinceramente, Scott, creo que por el resto de tu vida lamentarás la decisión de no regresar a la academia.

"Algún día reflexionarás sobre tu vida y descubrirás que no puedes encontrar tu medida porque perdiste la oportunidad de medirte en relación con tus sueños".

Sueños perdidos

Creo que esto les pasa a muchas personas de éxito. Cambiamos nuestros sueños por buenos trabajos y por la seguridad que nos da el éxito.

Esto es lo que les sucedió a las personas sobre las que te hablé antes. Eran personas de éxito desde cualquier punto de vista. Conocían y habían puesto en práctica gran parte de la filosofía de Napoleón Hill, con buenos resultados. Sin embargo, él éxito les había producido un punto ciego y habían perdido la visión para alcanzar sus sueños.

Es posible que algún día puedan tener una visión retrospectiva de sus vidas prósperas y significativas, y se unan a los que han fracasado para murmurar...

"¡Pude haber sido un competidor!".

"¡Pude haberlo sido!".

UNA SOLUCIÓN

Existe, por supuesto, una razón por la que esto les sucede a tantas personas: pierden su enfoque.

Napoleón Hill explica cómo podemos permanecer enfocados utilizando el poder de la mente subconsciente. Escribió que podíamos adquirir este poder mediante el pensamiento y sugirió que escribamos nuestras metas para leerlas y reflexionar sobre ellas dos veces al día.

Los teólogos también sugieren esto. Nos dicen que para fortalecer la fe y el compromiso nos reconciliemos todos los días a través de la oración determinando dónde estamos a nivel espiritual. ¿Cometimos hoy un pecado y si lo hicimos lo hemos reparado haciendo algo bueno?

Pero sin importar cómo lo hagas, recuerda tus sueños.

Sabrás que has olvidado tus sueños cuando veas que estás esperando que suceda algo.

Cuando te des cuenta de que estás esperando que suceda algo, ha llegado el momento de recordar tu sueño y recordar que tú eres el único que puede hacerlo realidad.

UNA ÚLTIMA PALABRA

Mientras sigas alcanzando un éxito tras otro,
recuerda que no debes definirte por ese éxito y…
¡Nunca olvides tus sueños!

TAN BUENO COMO EL ORO 45

Cuando incorporamos la Acción de Gracias a nuestra vida diaria, empezamos un ciclo de gratitud que a su vez resultará ser una fuerza en nuestra vida que atraerá un gran número de experiencias a lo largo del trayecto hacia nuestros sueños.

—Raven Blair Davis

Recientemente disfruté unas vacaciones en Europa y encontré unas "cuentas para calmar los nervios". Hace varios años había yo comprado unas cuentas de este tipo y encontré que el ritual para usarlas como un mecanismo para reducir el estrés era muy interesante. En esta ocasión, cuando vi las cuentas, me pregunté por qué no darles un nuevo nombre: "cuentas de gratitud". Es mucho más lógico contar nuestras bendiciones y concentrarnos en dar gracias que contar nuestras preocupaciones y concentrarnos en nuestros problemas. También, cuando viajé recientemente a Jamaica escuché que en Jamaica "no hay problemas" sólo hay "situaciones". Eso me hizo recordar la idea de que es un hecho que llegamos a ser aquello en lo que pensamos. Podemos hacer que nuestra mente sea positiva o negativa, y la decisión siempre es nuestra. Si decimos que tenemos un problema, lo tenemos. Si identificamos el problema como una situación, el enfoque de inmediato se vuelve menos negativo. Decir que "no hay problemas" puede ayudarte a salir de una actitud mental negativa sólo porque elijes reconocer la situación y no el problema. Define tus problemas como situaciones y fíjate si te preocupas menos. Lo único que se necesita para tener un punto de vista más positivo en la vida es un cambio en tu vocabulario.

Un buen ejercicio de "acción de gracias" tanto para los jóvenes como para los adultos es hacer una larga lista de todas las cosas por las que te sientes agradecido, y esta es una parte de mi lista ¡para ayudarte a empezar la tuya!

1. El ronronear de mi gato que me saluda cuando regreso a casa.
2. El sabor de las frambuesas en cualquier época del año.
3. El calor de mi cobertor eléctrico cuando está en el ciclo de pre-calentado.
4. El olor de hojas que se queman en el otoño en la zona del Oeste Medio de Estados Unidos.
5. Una nota escrita a mano por un amigo o amiga que está cerca o que está lejos.
6. Mi propia cama después de viajar lejos de casa.
7. Visitar las casas de mis hermanas en Florida y ver las cosas a través de sus ojos.
8. Una vela encendida en mi cocina por la mañana cuando escribo mi diario.
9. El aroma de una guirnalda de pino en la puerta durante la Navidad.
10. Encontrar la novela que estaba buscando en la tienda de artículos de segunda mano.
11. Recibir correos electrónicos de mis familiares, de mis amigos y de mis contactos a nivel internacional.
12. Un regalo inesperado que llega por correo o que aparece en mi puerta.

Bueno, esa es la idea. Ahora, en lugar de contar tus preocupaciones o contar ovejas, ¿por qué no empiezas a contar tus cosas favoritas? ¿Cómo no podrías sentirte mejor después de hacer una lista de las cosas que más disfrutas en la vida? Lo único que se requiere es una apreciación pura de los dones que te ha dado el universo. Mira, mira de verdad, y te asombrará todo lo que das por sentado.

Empieza con cada uno de los sentidos. Pregúntate qué disfrutas qué puedes ver, oír, degustar, oler o tocar. Finge que te falta uno de los sentidos. ¿De qué te perderías si no tuvieras, digamos, el sentido del oído? Como pronto empezarás a darte cuenta, damos mucho por sentado. El recordar dar gracias una vez al año no es suficiente. Necesitamos despertar con gratitud en la mente todos los días, y con un deseo de darle un enorme "Gracias" al Universo por todo lo que hemos recibido. Si practicas esto, te asombrará la forma en que tu punto de vista da color a tu mundo. Y al hacerlo, estás practicando el verdadero espíritu de gratitud con una expresión de agradecimiento tras otra, por todos los dones que has recibido en tu vida. ¡Feliz Día de Gracias!

Estar dispuesto a compartir nuestras bendiciones

por Napoleón Hill

Aquel que no ha aprendido el bendito arte de compartir no ha aprendido el verdadero sendero de la felicidad, pues la felicidad sólo viene del compartir. Y recordemos siempre que todas las riquezas pueden embellecerse y multiplicarse mediante el sencillo proceso de compartirlas en tal forma que puedan servir a otros. Y recordemos también que el espacio que uno ocupa en el corazón de sus semejantes depende precisamente del servicio que uno entrega al compartir sus bendiciones de una u otra forma.

Las riquezas que no se comparten, ya sean riquezas materiales o riquezas intangibles, se marchitan y mueren como una rosa que se corta de su tallo, pues una de las primeras leyes de la Naturaleza es que la inacción y el desuso llevan al deterioro y a la muerte, y esta ley se aplica a las posesiones materiales de los hombres tanto como a las células vivas de todo cuerpo físico.

Fuente: ***La llave maestra a las riquezas.*** Libro Fawcett Crest. 1965, página 22

Credo para las riquezas

por Napoleón Hill

Todos los días doy gracias, no por las riquezas en sí, sino por la sabiduría para poder reconocer, abrazar y usar de manera apropiada la gran abundancia de riquezas que ahora tengo bajo mi mando. No tengo enemigos porque yo no le causo daño a nadie por ninguna causa, pero trato de beneficiar a todas las personas con las que me pongo en contacto, enseñándoles el camino hacia la riqueza perdurable. Tengo más riquezas materiales de las que necesito porque estoy libre de toda codicia y sólo anhelo las cosas materiales que pueda yo usar mientras viva.

Fuente: ***Curso: Actitud mental positiva la ciencia del éxito.*** Página 25.

TAN BUENO COMO EL ORO 46

Las personas quieren prestar servicio a otras. Las personas desean ayudarse mutuamente, retribuir a sus comunidades, ayudar a otros a descubrir los principios del Dr. Napoleón Hill, ayudar a otros a descubrir una forma de tener mayores ingresos para mantener mejor a sus familias, ayudar a grupos y a obras caritativas que necesitan recaudar los fondos necesarios para encontrar una forma sencilla de contribuir a causas valiosas, ¡y ayudar a otros a sentirse bien!

—Shane Morand

A menudo las noticias pueden deprimirnos. Todos los días vemos situaciones que muestran la inhumanidad del hombre contra el hombre. Me refiero a las noticias que se centran en el odio, en el mal uso del poder, en la falta de fiabilidad, en asesinatos y en caos, que se difunden en los noticieros vespertinos. Cuando una persona ve estos noticieros diariamente, ¿cómo podría no deprimirse y pensar que el mundo no es un lugar seguro en el cual vivir, que no es un lugar positivo? Aunque la persona promedio preferiría marcar una diferencia positiva, 'esta parece una tarea imposible en un mundo que ha enloquecido.

Para crear paz y armonía tanto en nuestro mundo externo como en nuestro mundo interno, debemos primero tener paz a nivel personal. Empezamos teniendo pensamientos de paz y luego llevando a cabo acciones que conducen a la paz. Acostumbrarnos a hacer esto no es tan fácil como parece. Se tiene que pagar un precio y ese precio es la autodisciplina. Primero debemos entrenarnos en forma positiva para llegar a ser ciudadanos que fomentan la paz en el mundo, y luego dar ejemplo de este comportamiento a los ojos de todos. Ser reaccionario parece natural, pero ser personas de paz con actitudes positivas requiere de más autocontrol. Es más fácil enfurecerse que reflexionar tranquilamente sobre nuestra forma de responder, pero el resultado puede marcar una enorme diferencia.

¿No crees que ya ha llegado el momento de asumir control sobre la situación mundial llevando a cabo acciones relacionadas con la bondad y no con la maldad? La maldad crea noticias, pero la bondad es el verdadero camino hacia el éxito definitivo. El precio que tiene que pagarse implica un compromiso personal de todos y cada uno de los ciudadanos del mundo e implica el uso del poder más grande que tenemos: el poder de elegir el bien y no el mal. Abraham Lincoln decía que él vivía una filosofía sencilla. Cuando hacía el bien, se sentía bien como resultado. Y cuando hacía lo opuesto, no se sentía bien con sus acciones. ¿No nos pasa esencialmente lo mismo a todos nosotros? ¿Entonces por qué no nos esforzamos por hacer el bien y rechazamos el mal? Tal vez sea porque la gratificación personal puede tardarse, posiblemente porque no hay una recompensa obvia, posiblemente porque no es una opción popular, posiblemente porque no sabemos cómo hacerlo.

¿Cómo procedemos? Avanzamos dando un paso positivo a la vez. Trata de hacerte esta sencilla pregunta: "¿Qué haré ahora para hacer que el mundo sea un mejor lugar?". Luego escucha esa vocecita suave en tu interior que te dirá qué hacer. Apuesto que no te dice que te aproveches de las desgracias de otros o que reduzcas la confianza que tienen en sí mismos por no reconocer la forma gradual en que mejoran. El cambio requiere tiempo. No pasa de la noche a la mañana. Pero si queremos avanzar en forma positiva, debemos empezar reconociendo que hay opciones negativas y positivas. Si queremos mejorar nuestro mundo para nosotros mismos y para otros, el mundo no empezará a mostrar una mejoría a menos que empecemos en este momento, hoy, justo donde estamos, a hacer algo abiertamente positivo para mejorar a otra persona. La reciprocidad crea armonía en el mundo. Haz algo hoy que cree armonía en lugar de odio. Y no esperes una recompensa, la recompensa llegará en su momento cuando menos la esperas, en tu propio patio trasero.

¿Por qué crear entusiasmo?

por Napoleón Hill

El entusiasmo es literalmente la puerta hacia tus cualidades espirituales. No sólo da una convicción profunda a tus palabras, sino que proyecta su influencia hasta lo más recóndito del alma de quienes las escuchan.

El entusiasmo construye ideas nuevas

No es sorprendente, por lo tanto, que Ralph Waldo Emerson haya dicho: *"Nunca se ha logrado algo grande sin entusiasmo"*. Pues él había sentido el impulso del entusiasmo en su propia alma, donde le reveló las fuerzas ocultas de su ser e hizo que su nombre llegara a ser inmortal.

Y este mismo impulso de entusiasmo, en lo profundo del alma de Helen Keller, fue lo que le inspiró la fe con la cual dominó sus dificultades a causa de la sordera, la incapacidad de hablar y la ceguera.

Llevó a Edison a través de diez mil fracasos y finalmente le reveló el secreto de la lámpara eléctrica incandescente. Todos los psicólogos que han estudiado los logros de Edison están de acuerdo en que su constante entusiasmo por su propósito primordial definido fue lo que inspiró su tenaz resistencia física.

Este mismo entusiasmo imperecedero por la causa de la Independencia de Estados Unidos, fue lo que hizo que Washington siguiera luchando ante obstáculos aparentemente insuperables, hasta que logró conseguir la libertad de este país.

Y el poder del entusiasmo fue lo que inspiró al pueblo estadunidense a despertar, a prepararse y a actuar para enfrentar otra gran emergencia que amenazó su libertad y su seguridad cuando estalló la Segunda Guerra Mundial; un logro que asombró al mundo por la eficiencia y eficacia con que se llevó a cabo.

El entusiasmo fue el poder que sostuvo a Abraham Lincoln durante la Guerra Civil e hizo posible que siguiera adelante hasta haber salvado a la nación de la autodestrucción.

Tal vez te preguntes: "¿Cómo puede obtenerse el poder?".

El procedimiento es simple y está al alcance de todos, como fue la intención del Creador:

Empiezas con la esperanza; con la esperanza de lograr un propósito definido. La esperanza es la precursora de la fe. Y de las brasas ardientes de la esperanza vuelven a brotar las flamas blancas de la fe si se les aviva con un entusiasmo controlado respaldado por un propósito definido. El proceso de avivarlas debe continuarse hasta que un deseo ordinario se convierta en un deseo ardiente.

La esperanza, el entusiasmo y la fe son las palabras clave debido a la relación tan cercana que existe entre ellas. Cuando se les combina con un propósito definido, le dan a la persona acceso a un poder mental ilimitado. Estos son cuatro factores que llevan a un deseo ardiente.

La esperanza por sí misma tiene poco valor. Sólo es ligeramente más que un deseo, y todo mundo tiene una abundancia de deseos. Nada brota de los deseos hasta que se organizan y se relacionan con sus compañeros: el propósito definido, el entusiasmo y la fe.

El proceso para organizarlos se lleva a cabo a través de la autodisciplina. Este es el principio a través del cual el entusiasmo puede organizarse, controlarse y dirigirse hacia un fin definido. Otros principios de esta filosofía que se relacionan con el entusiasmo y que podrían necesitarse para organizarlo son:

- Un propósito definido
- La mente maestra
- Una personalidad agradable
- Iniciativa personal
- El hábito de aprender de las derrotas
- El hábito de hacer más de lo que se espera de nosotros
- La fe aplicada
- Una visión creativa
- La concentración
- El hábito de la salud
- El pensamiento preciso

Si dominas y aplicas estos doce principios, te será fácil desarrollar un entusiasmo controlado. Esta ha sido la experiencia de cada persona que ha dominado esta filosofía. ¡Y también será tu experiencia!

Los hombres que han tenido grandes logros son hombres de grandes deseos. Tú tendrás esa clase de deseos y los harás realidad, si sigues las instrucciones que se te han dado. Recuerda que si vale la pena tener algo, vale la pena trabajar por ello. Y se tiene que pagar un precio. El precio por cosechar los beneficios de esta filosofía consta ante todo de una eterna vigilancia y una persistencia constante al aplicar esta filosofía como un hábito diario. Sólo conocerla no es suficiente. Debe aplicarse.

El entusiasmo es una combinación de energía mental y energía física que rara vez se encuentra en un cuerpo enfermo. Crece mejor cuando abunda la buena salud física. La buena salud empieza cuando desarrollamos y mantenemos una conciencia de salud, de la misma manera en que el éxito económico empieza con una conciencia de prosperidad.

Fuente: ***Curso: Actitud mental positiva la ciencia del éxito.*** Página 261, 262 y 263.

TAN BUENO COMO EL ORO 47

Los ricos están dispuestos a correr riesgos que las personas que no son ricas no están dispuestas a correr. Los que no son ricos quieren ir a la segura, pero tener grandes logros. Las cosas no funcionan así. Para tener grandes logros necesitas correr grandes riesgos... las recompensas corresponden a los riesgos.

—Madeleine Kay

¿Alguna vez has escuchado la frase "pensamiento de grupo"? Se dice que ocurre cuando una mentalidad penetrante se convierte en el patrón del pensamiento dominante de un grupo como una nación, una cultura, una organización, una familia, o cualquier otro grupo de personas de puntos de vista similares. Tómate un momento para considerar si formas parte de un "pensamiento de grupo" ligera o ampliamente, y luego considera las consecuencias de abdicar a tu derecho de tener libre albedrío al tomar tus propias decisiones. A veces podría ser fácil y benéfico seguir el flujo del pensamiento existente, pero a veces también puede ser perjudicial y nos podría aprisionar en métodos anticuados de pensamiento para dar forma a nuestra vida diaria y a nuestro destino; sería algo muy similar a una profecía que nosotros mismos cumplimos.

Por ejemplo, si aceptas la idea de que la riqueza es inalcanzable debido al nivel de ingresos de la familia en la cual naciste; este es un patrón de "pensamiento de grupo" que se parece a un molde para cortar galletas. Cuando extiendes la masa sobre la mesa y el único molde para galletas que tienes en el cajón tiene forma de pino, todas tus galletas tendrán forma de pino. Pero si visualizas formas como ángeles, estrellas y campanas, tienes el potencial de expandir tu creatividad y dar forma a galletas distintas y muy hermosas. A final de cuentas, tú eliges.

De manera similar, en la creación de la riqueza y de una fortuna financiera, puedes seguir métodos cuya eficacia ya se ha comprobado y recibir lo que siempre has recibido, o alejarte del camino trillado que todos siguen para intentar algo nuevo. Lo "nuevo" podría ser una educación formal, un entrenamiento acreditado, viajes, una inversión, un riesgo calculado o una idea creativa que se pone en acción. Lo único que se necesita es un buen plan que se sigue mediante pasos de acción que pueden medirse y observarse. Y si ese plan tiene malos resultados, entonces lo único que se necesita para un éxito futuro es refinar el plan, no establecer una nueva meta.

¿Alguien te ha dicho que no puede hacerse? ¿Has cuestionado su autoridad? ¿O te has unido a su grupo? ¿Por qué no empiezas hoy cuestionando algunas de tus creencias más firmes? Las creencias son zonas de confort. Las zonas de confort son como batas calientitas para andar en casa o son como camisas de fuerza. Asegúrate de reconocer qué tipo de zona de confort tienes. Dirige tus pensamientos, controla tus emociones y ordena tu destino.

La riqueza crea riqueza

por Napoleón Hill

La riqueza crea riqueza. Una gran suma de dinero en manos de un hombre por lo general no crea tanta riqueza como el dinero que circula, siempre y cuando quienes controlan su circulación estén interesados en crear riqueza.

La felicidad y la paz mental de un hombre dependen de que comparta todo tipo de riqueza. Las relaciones de negocios no pueden describirse adecuadamente como una relación de amor entre el comprador y el vendedor; pero cuando la idea de servir a nuestros semejantes entra a la relación, también entran muchas cosas que son benéficas para ambas partes. "Un poquito de mí", dijo Henry Ford, "entra en cada automóvil que vendemos, no en lo relacionado con las ganancias que genera sino en lo relacionado con el servicio útil que podrá dar a la persona que lo compra". Thomas A. Edison dijo: "Nunca perfeccioné un invento sin pensar en él considerando el servicio que podría prestar a otros".

La idea de que un negocio debería dar a sus clientes algo más que un producto por el precio que se paga, no es una idea nueva; y la historia comprueba que esto no sólo genera buenos negocios sino también buenos clientes. Las buenas relaciones entre un industrial y sus empleados, sin embargo, no son muy antiguas, como lo comprueba la historia. Esto es bastante natural cuando consideramos que las empresas que emplean miles de personas sólo han existido durante unas cuantas generaciones. Son una forma maravillosa en que el dueño del negocio puede ganar dinero, pero por desgracia muchos miembros de la fuerza laboral reciben malos tratos en el proceso.

En años recientes hemos tenido piratas industriales que nunca pensaron en compartir con sus empleados la riqueza que esos empleados ayudaron a crear. Mientras hacen gala de su riqueza en Nueva York, en Newport o en Palm Beach, estos hombres desprecian la idea de que una sociedad necesita un mayor número de personas bien pagadas que sean capaces de comprar más productos y llevar una vida mejor.

En la actualidad los millonarios son mucho más numerosos. Más de cinco mil millonarios nuevos han admitido serlo en sus declaraciones de ingresos a lo largo de la última década. Además, como ya lo he mencionado, los millonarios de hoy no parecen desear la notoriedad que antes exigían los ricos. La mayoría de mis lectores no reconocerían los nombres de algunos de los millonarios y multimillonarios actuales que ya he mencionado.

Y los hombres adinerados de hoy tampoco parecen estar ansiosos por formar una clase a la que los pobres no aspiran. Quiero citar a Arthur Decio, que amasó una fortuna construyendo y vendiendo casas rodantes: "Es más fácil progresar hoy que hace quince años o hace cuarenta años. Mira la explosión demográfica y el incremento en los ingresos personales... Este país simplemente está lleno de oportunidades".

Y es cierto, y muchas de las oportunidades no existirían si la riqueza no estuviera mejor distribuida que antes. Los dueños de empresas han visto el valor que representa para ellos, para su gente y para la sociedad, el convertir a sus trabajadores en socios de la industria. Una sociedad capitalista comprueba una y otra vez que esa es la mejor forma de crear una riqueza máxima y generalizada.

Fuente: ***¡Hágase rico! Con paz mental.*** 1967, Fawcet Crest. Páginas 80 y 81.

TAN BUENO COMO EL ORO 48

Podrías tener toda la destreza técnica del mundo, pero si no puedes presentarla ante posibles compradores que están bien calificados, y luego no eres capaz de ejercer influencia sobre ellos para que hagan negocios contigo, acabarás como una de las bajas del mundo de los negocios, que ascienden a un 90 por ciento.

—Jim Rohrbac

¿Qué es ese algo especial que hace que una persona sea un éxito y otra no dé pie con bola? En el análisis que el Dr. Hill hizo de más de 500 hombres que acertaron y pudieron lograr el éxito financiero, él supuso que la iniciativa y la persistencia eran los ingredientes esenciales en la fórmula del éxito. Es gracioso, pero hoy en día muchas personas no creen que el éxito sea tan difícil o que sea necesario trabajar muy intensamente para alcanzarlo. La falsa creencia en el poder exclusivo de la mente subconsciente lleva a muchas personas a creer que el éxito sólo está a la distancia de un pensamiento; tal vez de un pensamiento muy intenso que se visualiza, pero aun así de un pensamiento. El Dr. Hill declara en forma explícita que los "pensamientos son cosas", pero es muy firme en su siguiente afirmación cuando dice que a los pensamientos debe seguir la acción. La dificultad es que muchas personas que aspiran al éxito no saben qué acción llevar a cabo. ¿Cómo podrías avanzar en cierta dirección cuando careces de una brújula interior hacia el éxito? Las dos acciones que deben realizarse son la iniciativa personal y la persistencia. Sin un impulso y una ética en relación con el desempeño, se logra poco. Pero cuando una persona se condiciona para ponerse en acción con regularidad, el hecho de actuar ayuda a crear el deseo de hacer más. Se convierte en un hábito, y este hábito crea el deseo; es casi una compulsión a avanzar un paso a la vez en la dirección que uno elija.

Considera por un momento a los individuos que sueñan con una vida mejor o que la desean. ¿Qué pasos de acción dan para hacer esto realidad? ¿Buscan oportunidades para dar a conocer sus ideas o para ofrecer sus servicios, o esperan que alguien toque a su puerta? Con sólo llevar a cabo el paso inicial de poner por escrito tu propósito primordial definido y señalar el tiempo en que calculas que lo alcanzarás, te estás saliendo del estado de sueño y entrando al estado de acción. Después empiezas a avanzar paso a paso para llevar a cabo el plan que estableciste moviéndote constantemente hacia tu objetivo. En realidad no importa lo que ese objetivo sea. Lo que importa es que esté en armonía contigo y que no dañe a otros seres humanos. Esto te ofrece amplias oportunidades.

Si elegir un propósito y un plan es una tarea difícil en este momento, ¿por qué no te basas en un plan que ya exista? A menudo otros crean planes que tú decides seguir. Un diploma de preparatoria, un título universitario, un contrato matrimonial, los votos en una congregación religiosa, son planes que la gente acepta para responder a una necesidad, para alcanzar un objetivo, para crear un plan de vida, etc., y fueron creados por otros. Lo primero es la práctica. Si te consideras una persona "promedio" que no ha tenido muchos logros, necesitarás empezar poco a poco comenzando con algo sencillo. Y luego pasas a cosas de mayor magnitud. La verdad es que no vas a pegar un "home run" con la primera bola que te lancen; empiezas aprendiendo cómo llegar a la primera base.

Revisa los planes que ya has seguido antes en tu vida. Considera el papel que tuvieron en ellos la iniciativa y la persistencia, y cómo te ayudaron a alcanzar tu meta. Una vez que entiendes el mapa, no debería ser muy difícil recorrer el territorio. Puedes alcanzar cualquier meta que te propongas con iniciativa personal y siguiéndola con persistencia. Estos son los ingredientes con los que se hacen los sueños; ¿por qué no los pones a prueba? Cuando llevas a cabo acciones continuas y persistentes bajo el impulso de tu propia iniciativa personal con el fin de alcanzar tu propósito primordial definido, estás muy cerca del éxito.

El camino hacia el éxito

por Napoleón Hill

A partir de hoy deberías aprovechar las oportunidades que llegan cuando uno usa la iniciativa, ya que este es uno de los carteles más importantes en el Camino hacia el Éxito.

Tus instrucciones en lo relacionado con ese cartel sobre la iniciativa son sencillas y es fácil seguirlas. A lo largo de los próximos diez días, concéntrate en usar Iniciativa haciendo cada día al menos una cosa que no se te haya pedido que hagas en lo que concierne a tu trabajo. No le digas nada a nadie sobre lo que estás haciendo, resérvate tu opinión y sigue estas instrucciones. Si tienes un tipo de trabajo en el que no puedes hacer ninguna tarea a menos que se te asigne, entonces hazla un poco más rápido, lleva a cabo más trabajo y haz un mejor trabajo del que hacías antes en ese mismo periodo. Hazlo durante diez días y para entonces atraerás la atención de tu jefe. Al final de esos diez días también verás que te conviene usar iniciativa el resto de tu vida, ya que la Iniciativa lleva a mayores responsabilidades y a un mejor salario, y te ayuda a conseguir lo que hayas elegido como tu propósito definido en la vida.

Fuente: ***Revista de Napoleón Hill.*** Noviembre, 1922. Página 30.

TAN BUENO COMO EL ORO 49

Visité también a los amigos de Napoleón: Carnegie, Edison, Morgan y Schwab, los visité a todos. Los conozco a todos. ¿Y sabes una cosa? Ellos también me conocen a mí. Creyeron en mí porque eran visionarios. Sabían que creer en mí era parte de su formación para toda una vida de servicio. El deseo ardiente que tenían entonces de que yo les trajera un carrito rojo o un par de zapatos nuevos, fue lo que los impulsó a desarrollar deseos más significativos en épocas posteriores de su vida.

—Santa Claus

Hoy es Navidad. Y la verdadera magia está en nuestro interior. Me refiero a la Magia de la Navidad. Nuestros pensamientos crean resultados mágicos en nuestra vida. A veces olvidamos que nuestra fuente siempre es interior. Nada que sea externo puede hacernos felices durante mucho tiempo. En realidad es el hecho de reconocer que los dones del corazón son en realidad los mejores dones. Si has olvidado incluir estos dones en tus listas este año, todavía hay tiempo de dárselos a las personas más cercanas a ti, a tus seres más queridos. Siempre asegúrate de incluir los "lazos del corazón". Son los mejores moños para regalo que podrías encontrar.

A continuación se presentan 52 valiosas citas del Dr. Napoleón Hill que llenarán la media de tus regalos de Navidad a lo largo del año. Muchas pueden usarse como afirmaciones, como motivadores diarios del pensamiento, como notas que puedes mandarle a un amigo, o como expresiones de gratitud hacia el Universo por todas las cosas buenas que recibes diariamente. También podrías compartirlas con otros. Estoy segura de que quienes las reciban las apreciarán durante muchas Navidades futuras, y sin reserva.

Pensamientos de Napoleón Hill para llenar las medias de Navidad

Un buen maestro siempre es un buen estudiante. –NH

Una mente positiva encuentra la forma de hacer las cosas. Una mente negativa busca todas las formas en que no puede hacerse. –NH

Todas las cosas grandes están hechas de cosas pequeñas de naturaleza similar. –NH

Mientras estés dispuesto a permitir que la vida te zarandee, lo hará. –NH

Cierra la puerta del miedo a tus espaldas, y mira con qué rapidez se abrirá frente a ti la puerta del éxito. –NH

Crea un plan definido para realizar tus deseos y empieza de inmediato, estés listo o no, a poner ese plan en acción. –NH

La cortesía no depende de la educación, sino del sentido común. –NH

Las decisiones sin acciones no tienen ningún valor. –NH

Hazlo ahora… ¡y antes de que alguien te diga que lo hagas! –NH

No te conformes con nada, excepto con lo que quieres. –NH

No busques en las estrellas la causa de tus desgracias. Mírate a ti mismo y consigue mejores resultados. –NH

Andar a la deriva por la vida sin una finalidad o un propósito es la primera causa del fracaso. –NH

Los grandes logros nacen de la lucha. –NH

La felicidad se encuentra en el hacer, no sólo en el poseer. – NH

La felicidad sólo puede encontrarse ayudando a otros a encontrarla. –NH

Si hubiera un deseo que se me pudiera conceder con sólo pedirlo, yo pediría más sabiduría. –NH

Si no sabes lo que quieres de la vida, ¿qué crees que obtendrás de ella? –NH

Si estableces una meta, es más fácil que reconozcas las cosas que te ayudarán a alcanzarla que si no estableces una meta. –NH

Si no te agrada tu mundo y quieres cambiarlo, tienes que empezar contigo mismo. –NH

Es mejor imitar a un hombre de éxito que tenerle envidia. –NH

No es necesario que otros fracasen para que tú tengas éxito. –NH

Ayuda saber que tú llegas a ser aquello que piensas y que hacia eso te diriges. –NH

Concentra tu mente en las cosas que deseas y lejos de las cosas que no deseas. –NH

¡Conoce a la persona más importante que existe! Esa persona eres tú. –NH

Se ha sacado más oro de los cerebros de las personas que de los yacimientos de oro del planeta. –NH

Nadie puede alcanzar la grandeza por sí solo. –NH

Nadie puede llegar a ser un éxito permanente sin llevar a otros consigo. –NH

Dos mentes nunca podrán unirse sin crear una tercera fuerza invisible, que podría compararse con una "tercera mente". –NH

Una pequeña frase como "por favor" lleva consigo el poder de una gran cordialidad. –NH

Recuerda expresar tu gratitud todos los días por las bendiciones que has recibido, con una oración y con una afirmación. –NH

Algunas pepitas de oro del pensamiento valen más que las verdaderas pepitas de oro. –NH

Algunas personas han aprendido a usar los vientos de la adversidad para llevar a puerto seguro la embarcación de su vida. –NH

A veces es más sensato unirse a un oponente que luchar contra él. –NH

La velocidad y la destreza se adquieren mediante la repetición del esfuerzo. –NH

Las palabras que se dicen dejan impresiones. Las palabras impresas dejan huellas. –NH

El éxito atrae al éxito y el fracaso atrae al fracaso. –NH

Las personas de éxito mantienen su mente fija en lo que desean, no en lo que no desean. –NH

Lo que piensas hoy se convierte en lo que serás mañana. –NH

La imaginación es el taller del alma donde se forjan todos los planes para el éxito individual. –NH

La mente sólo se desarrolla con el uso; se atrofia debido a la ociosidad. –NH

Cuanta más disciplina uses contigo mismo, menos disciplina te impondrán otros. –NH

El ingrediente más importante del éxito es la fe en ti mismo. –NH

¡Lo que la naturaleza no tolera es la ociosidad! –NH

El poder del pensamiento es lo único sobre lo que cualquier ser humano tiene un control total e incuestionable. –NH

El secreto para lograr que las cosas se hagan es actuar. –NH

La palabra hablada tiene poder… evita palabras y frases que abarcan mucho o que restringen, como "nunca, sólo, nada, todo, todos, nadie y no se puede". –NH

Tratar de obtener algo sin dar nada es tan infructuoso como tratar de cosechar sin haber sembrado. –NH

La mente puede lograr todo aquello que la mente puede concebir y creer. –NH

Puedes hacerlo si crees que puedes hacerlo. –NH

Tu mente atrae aquello en lo que se concentra; por lo tanto, dirige tu mente a aquello que deseas y mantenla lejos de lo que no deseas. –NH

Tus únicas limitaciones reales son las que tú estableces en tu propia mente. –NH

Tu reputación la crean otros. Tú forjas tu carácter. –NH

Tus éxitos o tus fracasos están en tu propia mente. –NH

Date un regalo de Navidad

por Napoleón Hill

¿Podría yo sugerir que esta Navidad puedas darte un regalo que te traerá riquezas en abundancia, paz mental y atraerá a ti amistades duraderas?

El regalo que tengo en mente es algo que sólo tú puedes darte, y resulta ser lo único sobre lo que tienes un control completo.

Puede cambiar tu vida entera tan completamente que cada circunstancia que experimentas, cada transacción que hagas con otros, te traerá beneficios definidos.

Puede ayudarte a transmutar la tristeza y la adversidad convirtiéndolas en poderosas cualidades espirituales que podrían añadir nueva fuerza a tu religión, en momentos de emergencia.

Podría hacer que se desvanecieran todas las formas de miedo y hacer que tengas fe para dirigir tus actividades a propósitos de tu propia elección.

Este regalo es tan milagroso que se extenderá a la vida de tus seres queridos y los enriquecerá más con los valores que son importantes para la mayoría de las personas en la vida.

Atraerá hacia ti oportunidades nuevas e inesperadas para avanzar en tu profesión.

Y podría reavivar el fuego del amor y la amistad si se ha enfriado a causa del descuido.

Puede eliminar las causas de muchos males físicos y ayudarte a disfrutar de un cuerpo físico dinámico y sano.

Puede darte el poder mágico para transformar tus enemigos en amigos.

Puede darle a tu apretón de manos algo que antes no tenía, y dar a tus palabras una fuerza que exigirá el respeto y la atención de otros.

Puede darte la viveza mental para tomar decisiones definidas y precisas.

Nada puede sustituir a este regalo, que sólo tú puedes darte.

Me refiero a una actitud mental positiva.

No cuesta nada, sólo la voluntad de hacerla tuya, sin embargo, la única forma en que podrás conservarla es dar a su uso el primer lugar en los hábitos que controlan tu vida diaria.

Fuente: ***Éxito ilimitado.*** Diciembre, 1954. Páginas 10 y 11.

TAN BUENO COMO EL ORO 50

Tememos dejar nuestro trabajo, regresar a la escuela, salirnos de nuestras zonas de confort. ¡Estamos viviendo la vida a medias! Eso, amigos míos, no es Pensar y Hacerse Rico.

—Marcus Paton

¿Alguna vez has deseado incrementar tu energía? ¿Hacer el doble en la mitad del tiempo? ¿Abrir puertas que antes estaban cerradas y era imposible abrirlas? ¿Transmutar el fracaso y convertirlo en éxito? Esto parece un sueño imposible, ¿no? Bueno, Napoleón Hill nos dice que lo único que tenemos que hacer es pensar en ello, creer en ello y luego lograrlo. Parece muy fácil, pero el hecho es que tenemos que ser muy cautelosos en relación con lo que le pedimos al Universo, ya que con la misma certeza con la que el sol sale en el oriente, recibiremos aquello que más deseamos en la vida. Las fantasías se vuelven realidad cuando las respaldamos con energía. Lo que determina el resultado es la cantidad de acción que invirtamos en la fantasía. La energía puede convertirse en materia. Todos y cada uno de nosotros somos una prueba viviente de eso.

Hoy es Año Nuevo. ¿Qué planes has diseñado para tus proyectos del próximo año? ¿Estás considerando todos los aspectos de tu personalidad en el desarrollo de tus metas? Somos seres multifacéticos compuestos de elementos físicos, espirituales, sociales, emocionales, financieros y mentales. Tiene sentido que tomes en cuenta cada uno de estos elementos al planear tu hoja de metas para el próximo año. Si no incluyes un aspecto esencial de ti mismo, cada vez te será más difícil progresar con equilibrio conforme avanzas cojeando hacia tus metas.

Una rueda no gira bien si se ha dañado uno de sus rayos o su centro. Si te responsabilizas por los mecanismos básicos de la vida, los resultados serán más fluidos. Todos conocemos la sensación de estar en un coche cuando un neumático se desinfla poco a poco. Al principio el avance es difícil, pero al poco rato, sin darnos cuenta llegamos a un punto donde hemos dejado de avanzar, y así nos quedaremos hasta que ese neumático se cambie. ¿Por qué permitirte vivir el síndrome del neumático desinflado en el año que está a punto de comenzar? Mantén tu rueda de la vida bien inflada y tu trayecto será casi sin esfuerzo.

Te deseo lo mejor en este Día de Año Nuevo. Que tu sendero de la vida esté libre de obstáculos y ampliamente abierto, y que tus viajes sean memorables y te lleven a los mejores destinos posibles. ¡Al alcanzar tus metas, recuerda volverte hacia atrás y darle la mano a una persona que necesite un poco de ayuda por parte de alguien que ya ha alcanzado el éxito!

Mantén libre tu mente

por Napoleón Hill

Una mente abierta es una mente libre.

La persona que cierra su mente a las ideas, los conceptos y las personas nuevas, se está encerrando tras una puerta que esclaviza a su propia mentalidad. La intolerancia es una guadaña de dos filos que al blandirse hacia atrás acaba con las oportunidades y con las líneas de comunicación. Cuando abres tu mente, le das a tu imaginación la libertad de actuar en tu nombre.

Hoy en día es difícil entender que hace menos de seis décadas hubo hombres que se rieron de los experimentos de los hermanos Wright relacionados con el vuelo. Y hace apenas tres décadas,

Lindbergh no podía encontrar personas que respaldaran sus vuelos transatlánticos. Hoy en día, los hombres de visión predicen libremente que el ser humano pronto volará a la luna, pero ya nadie se ríe. Ahora los que antes se burlaban son el blanco de las burlas.

Una mente cerrada es un signo de una personalidad estática. Deja pasar el progreso y nunca aprovecha las oportunidades que ese progreso ofrece.

Sólo si tienes una mente abierta podrás captar todo el impacto de la primera regla de la ciencia del éxito: "La mente puede lograr todo aquello que la mente puede concebir y creer".

Sería bueno que hicieras una autoevaluación. ¿Estás entre los que dicen "yo puedo" y "eso se va a hacer" o caes dentro del grupo de los que dicen "nadie puede", en el momento exacto en que alguien está logrando algo? Una mente abierta requiere de fe en ti mismo, en tus semejantes y en el Creador, que estableció un patrón para el progreso del Hombre y de su universo.

Los días de la superstición son cosa del pasado. Pero la sombra del prejuicio es tan oscura como siempre lo ha sido. Puedes salir a la luz examinando de cerca tu propia personalidad. ¿Tomas decisiones basándote en la razón y en la lógica y no en la emoción y en ideas preconcebidas? ¿Escuchas con cuidado, con atención y reflexivamente los argumentos de otras personas? ¿Buscas hechos y no rumores?

La mentalidad humana se marchita si no está en un contacto constante con la influencia estimulante de pensamientos nuevos. Los comunistas, en su técnica del lavado de cerebro, saben que la manera más rápida de destrozar la voluntad de un hombre es aislar su mente, alejándolo de los libros, los periódicos, el radio y otros canales normales de comunicación intelectual.

En esas circunstancias, el intelecto muere por falta de nutrición. Sólo la voluntad más fuerte y la fe más pura podrían salvarlo.

¿Es posible que hayas aprisionado a tu mente en un campo de concentración social y cultural? ¿Te has sometido a un lavado de cerebro de tu propia fabricación aislándote de ideas que podrían llevarte al éxito? De ser así, ha llegado el momento de derribar los barrotes de los prejuicios que aprisionan a tu intelecto.

¡Abre tu mente y libérala!

Fuente: ***Éxito ilimitado.*** Diciembre, 1960. Página 39.

TAN BUENO COMO EL ORO 51

Existe un principio clave que una persona no estaba reconociendo ni aplicando: ¡El éxito personal precede al éxito en los negocios!

—Kip Kint

Encontrar nuestra verdadera vocación en la vida no es, por lo general, una tarea fácil. Muchos de nosotros ponemos a prueba diferentes ocupaciones mientras hacemos experimentos en relación con nuestra vocación en la vida, o con nuestro llamado personal. A veces empezamos a acercarnos a lo que da a nuestra vida un verdadero propósito, pero retrocedemos y nos alejamos cuando sentimos miedo o preocupación pensando que no seremos capaces de ganarnos la vida haciendo lo que nos gusta hacer.

Lo que nos gusta hacer o lo que disfrutamos hacer es por lo general algo en lo que somos buenos, y ahí está oculto nuestro tesoro: nuestro llamado o el trabajo de nuestra vida. No beneficia a nadie seguir una carrera en un área que sólo le proporciona una seguridad financiera sin alegría. Es mejor dedicarse a una carrera que tiene un bajo nivel financiero pero que tiene un alto nivel en cuanto a satisfacción personal. Si lo que haces te atrae, si lo harías aunque no hubiera en ello una compensación monetaria, si no sientes que tienes que ver el reloj mientras trabajas, y si eso no daña a ningún otro ser viviente, entonces has encontrado tu vocación o tu talento.

Los recursos ocultos son las características que en ocasiones están enterradas en nuestro interior y no salen a la superficie hasta que una necesidad muy real las hace surgir. Podría ser una adversidad, un sentido de insatisfacción, o simplemente el deseo de hacer más de aquello que exige que nuestros mayores talentos se manifiesten en nuestra vida diaria.

Cuando estos talentos salen a la superficie de nuestra realidad cotidiana y los reconocemos, a menudo experimentamos algo similar a un regreso al hogar ya que hemos iniciado el viaje hacia el interior de nuestro verdadero yo. Espero que el "descontento constructivo" que describe el Dr. Hill en el artículo que aparece a continuación te ayude a descubrir la riqueza que hay en tu interior; tu cofre del tesoro personal.

Cómo usar tus recursos ocultos

por Napoleón Hill

Cada uno de nosotros tiene encerrado en su interior todo lo necesario para alcanzar la riqueza y la grandeza. Sólo es necesario aprender a usar estos recursos ocultos, invertirlos por así decirlo, para que podamos recibir beneficios de ellos.

Lo trágico es que demasiadas personas pasan por la vida sin utilizarlos. A veces, necesitan enfrentar dificultades y adversidades que las obliguen a usar su ingenio y su poder cerebral para alcanzar el éxito.

Un contador perdió su trabajo cerca de la Navidad. No tenía dinero para comprarle un regalo a su hijo de diez años. En lugar de simplemente desesperarse, se puso a trabajar y le hizo un regalo a su hijo.

Con dos ruedas de un carrito de bebé descompuesto, unas cuantas piezas de madera que encontró en el sótano y un poco de pintura roja, le construyó a su hijo un regalo que captó la atención de todo el vecindario.

Otros niños querían juguetes similares. La demanda creció tan rápido que el contador desempleado convirtió su sótano en una fábrica, y luego su producción se expandió a una auténtica planta industrial.

El juguete que diseñó el contador recibió el nombre de "patín del diablo".

O considera el caso de un soldado que regresó de la Primera Guerra Mundial. Antes de la guerra había sido vendedor, pero ahora estaba desempleado. También utilizó sus recursos ocultos. Tomó un poco de helado, le puso un palito, lo sumergió en chocolate… ¡y nació el famoso Eskimo Pie!

Después también tenemos al joven que trabajaba como ayudante en una gasolinera en Dallas. El trabajo era difícil, las horas largas, la paga baja; todo esto tuvo como resultado un estado mental que yo llamo "descontento constructivo".

Este joven empezó a vender para un editor de libros para niños. Pero en lugar de abordar a los padres, se hizo amigo de los profesores de las escuelas y consiguió permiso para hablarles a los niños sobre los libros en sus salones de clases.

Después les pedía a los niños que le arreglaran citas con sus padres para poder venderles los libros. El plan funcionó de maravilla y la última vez que vi a este joven se estaba preparando para entrar al negocio de las editoriales por su cuenta.

¿Alguna vez has buscado con cuidado algunos "recursos ocultos" que has pasado por alto simplemente porque no estaban en una forma en que pudieras capitalizarlos de inmediato?

¿Tienes algún plan o alguna idea que podría resultar de gran valor si pudieras darlo a conocer y utilizarlo?

En una ocasión, un hombre muy exitoso presentó esta espléndida fórmula para obtener riquezas:

"Consigue un objeto útil que produzca ventas constantes", dijo. "Luego invierte todo lo que tengas para llevarlo a las personas que lo necesitan".

Su nombre era F. W. Woolworth. Él no creó nada nuevo. Sólo tomó algo viejo y usó un nuevo método de ventas y distribución.

Las oportunidades que ofrece nuestro país hoy en día son mayores que nunca, y crecen constantemente. Piensa, por ejemplo, en los millones que podría ganar la persona que diseñara un método para reducir los accidentes de tránsito.

En algún lugar tienes recursos que no estás usando. Ponlos a trabajar para ti e independízate en el campo de las finanzas.

Fuente: ***Éxito ilimitado.*** Diciembre, 1966. Páginas 33 y 34.

TAN BUENO COMO EL ORO 52

Cuando desarrollamos un enfoque tipo láser con respecto a nuestras metas, nuestra mente sólo se enfoca en aquello que es necesario para lograr esas metas y luego empieza a notar "cosas que antes no estaban ahí".

—Michael Wilkie

La autodisciplina cierra la puerta a los celos, al odio, a la venganza, a la codicia, al enojo y a la superstición, y abre la puerta a la amistad, a la buena voluntad, a la confianza y al amor.

—Napoleón Hill

Es muy probable que todos hayamos escuchado la frase "amor rudo". Es una técnica en la que la realidad se encuentra de frente con la fantasía, y su propósito es sacudir a la persona y hacerla regresar al aquí y al ahora, por su propio bien. Cuando los padres de familia aplican esta práctica, a menudo esta incluye decir "no" o no conceder algún artículo que se pide, como dinero, un coche, un pago o cualquier cosa que el hijo o la hija esté pidiendo, y que desde el punto de vista de los padres de familia no contribuye en forma positiva al bien general del hijo.

Los hijos crecen, los padres mueren y pronto nos damos cuenta de que estamos en la posición en que ellos estaban, y a veces encontramos que le negamos cosas a nuestro propio hijo interior. La madurez llega a través de un crecimiento positivo y a menudo cada uno de nosotros puede alcanzarla a su manera. Cuando llegamos a un cruce de caminos en el área del desarrollo, a menudo preferimos seguir el sendero tradicional y no trabajar demasiado. Decir "sí" a actividades rutinarias también puede tener consecuencias, pero pronto descubrimos que nuestro camino no nos lleva al crecimiento sino al estancamiento. Napoleón Hill nos proporciona el antídoto para esta enfermedad de las actitudes, y se trata de la autodisciplina.

Cada uno de nosotros tiene el don de una conciencia que por lo general funciona bastante bien y nos proporciona buenos consejos si la usamos. Sin embargo, a menudo nos permitimos lamentarnos por los sucesos, los errores y las pérdidas del pasado, en lugar de encarar de frente un futuro mejor. Usando la metáfora de la puerta que se cierra, el Dr. Hill indica que al cerrar bien la puerta al pasado, y al no quedarnos en el umbral, podemos seguir adelante hacia el propósito de nuestra vida. Esto no significa que nos volvamos insensibles o inhumanos, sino que apliquemos un amor rudo hacia nosotros mismos y nos interesemos en quienes somos tanto como nos interesamos en otras personas.

Hoy, pregúntate si hay una puerta que has dejado abierta. ¿Tienes miedo de cerrarla de golpe, de echarle llave y deshacerte de la llave? Considera que esta opción para retirarte podría ser la razón por la cual no estás avanzando. Estás permitiendo que un percance impida que tengas una recuperación gloriosa. Cierra esa puerta ahora y ya no te quedes ahí. Te esperan nuevas puertas, y cuando toques, esas puertas se abrirán y te guiarán a tu destino. ¿Por qué esperar? Haz que todas las cosas sean nuevas.

Cerrar puertas

por Napoleón Hill

Piensa en los problemas serios que surgen en nuestra mente en lo relacionado con las desilusiones y fracasos del pasado, y en los corazones que se destrozan como resultado de la pérdida de objetos materiales o de la pérdida de amigos o seres queridos.

La autodisciplina es la única solución para tales problemas. Empieza cuando reconoces el hecho de que sólo hay dos clases de problemas: los que puedes resolver, y los que no puedes resolver.

El problema que puede resolverse debe abordarse de inmediato utilizando los medios más prácticos posibles, y los problemas que no tienen solución deben sacarse de tu mente y olvidarse.

Pensemos por un minuto en este proceso de olvidar. Piensa en él como cerrar la puerta a cosas desagradables que perturban tu equilibrio emocional. La autodisciplina, es decir el dominio de tus emociones, puede hacer posible que cierres la puerta que está entre ti y una experiencia desagradable del pasado. Debes cerrar la puerta firmemente y cerrarla con llave, de modo que no exista posibilidad de que se vuelva a abrir. Así es como debemos tratar a los problemas que no tienen solución. Las personas que carecen de autodisciplina a menudo se quedan en el umbral y miran hacia atrás con nostalgia al pasado, en lugar de cerrar la puerta y mirar directamente hacia el futuro.

Esta técnica de cerrar la puerta es muy valiosa. Requiere del apoyo de una voluntad muy fuerte, y tienes una voluntad fuerte si los departamentos de tu mente están organizados y bajo el control de tu propio ego, como deberían estarlo.

El hecho de cerrar puertas no hace de ti una persona dura, fría o carente de emociones, pero requiere de firmeza. La autodisciplina no puede permitir recuerdos que acechan o experiencias tristes, y no pierde el tiempo preocupándose por problemas que no tienen solución. No puedes ceder ante la tentación de volver a vivir tus recuerdos tristes, ya que destruyen tu fuerza creativa, minan tu iniciativa, debilitan tu imaginación, trastornan tu capacidad para razonar, y en general producen confusión en los departamentos de tu mente.

Debes poner el poder de tu voluntad contra la puerta que se cierra para no permitir la entrada de aquello que deseas olvidar, pues si no lo haces no podrás tener autodisciplina. Este es uno de los servicios más importantes que la autodisciplina puede darte. ¡Cierra bien la puerta impidiendo la entrada de todo tipo de temores, y la abre de par en par a la esperanza y la fe!

La autodisciplina le cierra la puerta a los celos, al odio, a la venganza, a la codicia, al enojo y a la superstición, y abre la puerta a la amistad, a la buena voluntad y al amor.

La autodisciplina mira hacia delante, no hacia atrás. Saca de raíz el desánimo, las preocupaciones y otras emociones negativas. Y no sólo fomenta las emociones positivas, sino que las obliga a presentarse ante la facultad de la razón siempre que se expresan de modo que también ellas queden bajo el control de la razón.

La autodisciplina fortalece tu mente. Hace posible que tomes posesión de tu mente y que ejercites el derecho que Dios te dio a controlar tu actitud mental. No tendrás una autodisciplina verdadera sino hasta que organices tu mente y la liberes de toda influencia perturbadora. Todos los principios de esta filosofía deben funcionar a través de tu mente, y la autodisciplina, que mantiene tu mente en orden, es el factor de control en este proceso de alcanzar el éxito.

Fuente: ***Curso: Actitud mental positiva la ciencia del éxito.*** Páginas 286, 287 y 288.

TÍTULOS DE ESTA COLECCIÓN

52 lecciones para la vida

Cómo ser muy, muy,
muy rico rápidamente

Escalera mágica al cielo

Herramientas de oro

Más allá del pensamiento positivo

Pensamientos + acción = éxito

Piense y hágase rico

Primeras ediciones

Semillas mágicas para el éxito

Tan bueno como el oro

Vitaminas de éxito para
una mente positiva

Esta obra se Imprimió
En los talleres de
IMPRESOS MEGAUNIÓN S. A. de C.V.
Calle 10 № 1 esq. Av 6 pte
Col. Renovación Deleg. Iztapalapa
C. P. 09209 México D. F.
Tel: 15 46 31 62